数字信息资源检索与利用

The Retrieval and Applications of Digital Information Resources

夏 红 ⊙ 编著

中国科学技术大学出版社

内 容 简 介

本书是作者在图书馆长期从事数字信息资源工作实践经验的基础上，依据近年来国内外数字资源检索与利用方面的新理论和新技术，并参阅有关书刊资料以及网络信息资源撰写而成的。全书分为三部分，共计七章。第一部分（第一章）系统地阐述了数字信息资源检索的基本原理、检索方法、检索技术，为基础篇；第二部分（第二、三、四、五、六章）介绍常用数字信息资源检索的基本方法、检索策略，包括检索结果处理及检索实例，为应用篇；第三部分（第七章）系统阐述了数字信息资源的综合利用以及科技论文的撰写方法，为提高篇。

本书结构清晰、内容新颖，力求给出最新、最简便、最实用的检索方法，以帮助读者提高信息检索技能以及综合运用信息的能力。本书既可作为广大信息用户查找、利用数字信息资源的实用工具书以及从事相关工作人员的研究资料，又可作为高等院校信息检索课程教学的参考用书。

图书在版编目(CIP)数据

数字信息资源检索与利用/夏红编著. —合肥：中国科学技术大学出版社，2013.10
（2023.2重印）
ISBN 978-7-312-03332-2

Ⅰ. 数… Ⅱ. 夏… Ⅲ. 计算机应用—情报检索 Ⅳ. G252.7

中国版本图书馆 CIP 数据核字（2013）第 239797 号

出版	中国科学技术大学出版社
	安徽省合肥市金寨路 96 号，230026
	http://press.ustc.edu.cn
	https://zgkxjsdxcbs.tmall.com
印刷	安徽国文彩印有限公司
发行	中国科学技术大学出版社
开本	710 mm×1000 mm 1/16
印张	10.5
字数	225 千
版次	2013 年 10 月第 1 版
印次	2023 年 2 月第 4 次印刷
定价	25.00 元

前　言

数字信息资源(Digital Information Resources)以其信息形式的多样性、信息内容的丰富性、信息获取的便捷性、信息利用的共享性、信息传播的时效性、信息传递的交互性等特性受到人们青睐,并逐步成为人们重要的信息来源。然而,数字信息资源的不断增长以及优劣混杂使人们查找和利用信息时,常常遇到很多困扰,尤其是网络信息资源,网络的开放性、松散性,使得网络信息发布具有很大的自由度和随意性,加之缺少统一的质量控制和管理机制,信息内容十分庞杂,其信息质量表现出的不均衡性和难以控制性等特点增大了资源管理和利用的难度。数字信息产品是科学与技术的结晶,数字信息资源的收集与利用必须具备一定的知识与技能,只有掌握使用这一产品技能的人才能真正获得它的"恩惠"。

信息只有被利用才能体现其价值。如何高效、全面获取所需的优质信息资源,已成为知识学习者与研究者及广大信息用户迫切需要解决的问题。本书正是基于这种现实需求而编写的,在阐述数字信息资源检索基本理论的基础上,系统地总结了主要类型数字信息资源检索的基本方法和策略。为了便于读者学习和理解,各章的文字表述力求简明、清晰,并配以大量的图示和文字说明,以便使用者可以尽快地掌握各类数字信息资源的检索方法、途径与步骤,并能对信息资源进行有效的分析、筛选和整合。

面对数字信息资源领域的飞速发展,本书立足于对数字信息资源进行全面系统的梳理,提炼出既具有普适性又具有针对性的原理与方法,为读者快速、准确而又全面地查找数字信息资源提供有效帮助。

本书在编写过程中,参阅了许多文献及网站资料,但限于篇幅,有些参考信息未能列入参考文献之中,借此机会向所有参考文献的作者及相关网站致以诚挚的谢意!

本书在编写过程中得到了中国科学技术大学出版社的指导和大力支持,在此特表示衷心的感谢。

本书是安徽省教育厅人文社会科学研究重点项目"当代大学生网络信息利用行为研究"以及安徽省高等学校省级精品课程"化学化工文献检索与应用"资助研究成果之一。

由于编者水平所限以及编写时间仓促，加之数字信息资源领域发展迅速，书中难免有疏漏和不妥之处，敬请学界同行和广大读者批评指正，以便今后修订完善。

编　者

2013 年 7 月

目　　录

前言 …………………………………………………………………………（ⅰ）

第一章　数字信息资源检索概述 ……………………………………（1）
第一节　数字信息资源的概念与类型 …………………………………（1）
第二节　数字信息资源检索技术 ………………………………………（10）
第三节　数字信息资源检索语言 ………………………………………（17）

第二章　参考型数据库信息检索 ……………………………………（21）
第一节　索引类数据库信息检索 ………………………………………（22）
第二节　文摘类数据库信息检索 ………………………………………（41）

第三章　期刊全文数据库检索 ………………………………………（54）
第一节　中文科技期刊数据库 …………………………………………（54）
第二节　中国学术期刊网络出版总库 …………………………………（57）
第三节　万方数字化期刊 ………………………………………………（64）
第四节　Elsevier Science(SDOS)期刊全文数据库 …………………（66）
第五节　EBSCOhost 期刊全文数据库 ………………………………（70）

第四章　数字图书馆的利用 …………………………………………（75）
第一节　数字图书馆概述 ………………………………………………（75）
第二节　书目信息检索 …………………………………………………（80）
第三节　数字化图书的检索与利用 ……………………………………（84）
第四节　文献传递 ………………………………………………………（96）

第五章　多媒体信息检索 ……………………………………………（103）
第一节　多媒体信息基本概念 …………………………………………（103）
第二节　多媒体信息检索技术 …………………………………………（106）
第三节　视频信息检索举要 ……………………………………………（109）

第六章　网络信息资源的检索与利用 ………………………………（118）
第一节　网络信息资源概述 ……………………………………………（118）
第二节　网络信息资源检索 ……………………………………………（123）

第七章 数字信息资源的综合利用 …………………………………………… (140)
第一节 科技论文写作 …………………………………………………… (140)
第二节 数字信息资源的检索策略 ……………………………………… (148)
第三节 检索效果评价与优化 …………………………………………… (151)
第四节 数字信息资源使用注意事项 …………………………………… (154)

参考网络信息资源 ……………………………………………………………… (156)

参考文献 ………………………………………………………………………… (158)

第一章 数字信息资源检索概述

第一节 数字信息资源的概念与类型

一、概述

1. 数字信息资源的概念

数字信息资源(Digital Information Resources)是以数字化形式把文字、声音、图像等形式的信息存储在磁、光、电等介质上,并通过计算机、手持终端等设备在本地或远程发布、存取、利用的信息资源。它是在计算机技术、通信技术和高密度存储技术等高新技术迅速发展并在各个领域广泛应用的环境下产生的一种信息资源形式。

2. 数字信息资源的特点

与传统型介质信息资源相比,数字信息资源具有以下特点:

(1) 存储载体的特殊性和大容量化

印刷型文献作为一个整体,其物质形态决定了文献组成部分之间的关系。而在数字化环境中,一系列相关信息资源常常汇集在同一主页下或是一个大型数据库中。数字信息资源载体具有存储密度高、存储容量大等特点,如 CD 光盘可存储 700 MB 的数据,DVD 光盘的最大容量可达 17 GB,单个硬盘的容量也有数百 GB,而磁盘阵列的容量更大。目前硬盘的单碟容量已经达到了 1 TB,可以存储 5120 亿个汉字,如果以每册图书 50 万字计算,可以存放 100 万册图书,对藏书 100 万册的大型图书馆,只需一个硬盘就可以存放图书馆的所有藏书。

(2) 资源类型多样化和信息传播网络化

数字信息资源包括不同学科、不同领域、不同地域、不同语言、动态的和静态的、正式的和非正式的、实藏的和虚拟的各种信息模式和类型,集文本、图片、动态图像、声音、超链接等多种形式为一体,包括精美的画面、优美的音乐、逼真的动画和视频图像,具体、生动、全方位地向读者展示信息的内容及特征,并可借助于网络进行跨时空、跨行业、远距离信息传送。同时，数字信息资源的获取和交流不受时空的限制（除部分涉及知识产权保护以及内容限制访问的资源只对授权用户开放外），可随时随地存取而不受时间、地域等条件限制。

（3）信息获取的便捷性和资源更新的时效性

数字信息资源具有很高的信息存取速度，人们可随时对其内容进行增删、修改等操作，并可根据用户的需求编制各类检索系统，使用户可以更方便、更细致地检索信息内容而不必像传统文献那样逐页查阅。用户利用检索系统可经多条检索途径获取、阅读相关数据库中的数据、图形、图像等信息，实现多层次、多角度的立体化查询。

此外，数字信息资源出版周期短、更新速度快，时刻处于一个动态变化的状态中，其时效性远远超过其他形式的信息资源。

（4）资源利用的交互性和共享性

传统载体信息与用户之间是一种单向的关系，用户处于被动接受的地位，由于受到时间、空间、技术等各方面因素的制约，传统技术条件下的交互性不能得到充分发挥。而在网络环境下，数字信息资源系统可实现信息交流的双向传递，它不仅可以同步交互，还可以异步交互，人们在信息交流系统中可对各种多媒体信息进行发送、传播和接收等实时交互操作，受众不仅是被动的信息接受者，还是积极的大众传播的参与者，用户既是信息资源的利用者，也是信息资源开发的主体。

数字信息资源具有通用性、开放性和标准化的数据结构，为网络环境下不同形式的信息资源管理和开发利用提供了有力的支持。数字信息资源以磁性材料或光学材料为存储介质，存储信息密度高，容量大，且可以无损耗地被重复利用。不同国家、不同地区、各种服务器、各种网页及各种不同的信息资源通过节点链接起来，实现了资源的高度共享。

（5）数字信息资源运行环境复杂、信息质量良莠不齐

与传统信息资源的保存介质相比，记录数字信息的载体一般是以光、电、磁为介质，这些介质存在易碎、易损、硬件损坏、软件故障等"载体脆弱"问题；由于信息存储格式的多样性和变化性，造成旧的数字信息不能被新的硬件设备和软件系统读出而产生"技术过时"问题。

利用数字信息资源，需要一定的软硬件设备及网络环境条件等，由于运行环境各不相同，数据库的检索界面存在着差异性和复杂性。同时，数字文献的文件格式多，如ASCII，Tex，HTML，Word，Gif，JPEG，Word Perfect等，不同格式对软件环境要求也不同，这无形中增加了用户检索的难度，给使用者带来了诸多不便，也在一定程度上影响了数字信息资源的使用效率。

此外，网络的开放性、松散性，使得网络信息发布具有很大的自由度和随意性，加之缺少统一的质量控制和管理机制，信息内容十分庞杂，正式出版信息与非正式出版信息交织在一起，商业信息、学术信息以及个人信息混为一体，动态新闻与稳

定信息源同处一个界面,有用信息和无用的垃圾信息混杂,甚至还有不少有害的信息掺杂其中,可谓是良莠不齐。从整体上看,网络信息资源尚处于无序状态,信息质量表现出不均衡性和难以控制性,增大了资源管理和利用的难度。

二、数字信息资源的类型

同印刷型文献相比,数字信息资源类型更为丰富。根据不同的划分标准,数字信息资源可分为不同的类型。

1. 按存储介质不同划分

按存储介质的不同可分为光介质、磁介质和电介质三种类型。光介质(Optical Medium)包括CD、DVD、LD等类型;磁介质(Magnetic Medium)包括软盘、硬盘、磁盘阵列、磁带等类型;电介质(Electric Medium)包括U盘、固态硬盘等。

2. 按数据传播的范围划分

按数据传播的范围可分为单机、局域网和广域网三种类型。单机数字资源是指存储在光盘或单个计算机上,不提供网络功能的数字资源,例如《全国报刊索引》单机版光盘、CA on CD(CA光盘版)、《电子档案人力资源管理系统(单机版)》等,区别于网络数字资源,它不需要专门的服务器便可以正常使用该数字资源。

局域网(Local Area Network,LAN)使用方式是指用户能在机构内部浏览检索数字资源,但在机构局域网以外的网络环境中不能访问。如"广州人物数据库"(广州图书馆 http://www.gzlib.gov.cn/)、Gale传记信息资源中心(上海图书馆电子资源 http://eservice.digilib.sh.cn/)。

广域网方式是指用户可以在任何一个拥有Internet的地方通过一定的身份认证或者不需认证就可以访问该数字资源,可实现不同地区、城市和国家之间的资源共享。如"黑龙江省情信息网人物志"(黑龙江省情信息网 http://www.zglz.gov.cn/rwz.htm)、"馆藏中文图书数字化资源库"(中国国家图书馆)等。

3. 按储存的物理地点不同划分

按储存的物理地点不同,数字信息资源又可分为现实资源和虚拟资源。现实资源是指置放于本地、本部门的数字化文献,有光盘、磁盘、磁带等多种载体形态,包括出版商出版的电子出版物、本单位制作的数字化文献以及从网络上下载到本地的信息资源。虚拟资源又称网络资源或联机资源,是指通过本单位的计算机系统及通信网络才能获取的数字化信息。

4. 按数字资源加工情况划分

按数字资源加工情况划分,可分为源数据库、参考型数据库、其他类型数字资源。源数据库(Source Database)是指用户可通过此类数据库直接获取原始资料或具体数据而不必再查阅其他信息源的自足性数据库,包括数值数据库、文本—数值数据库、全文数据库、术语数据库、图像数据库、音视频数据库等。如CNKI系列源数据库——中国期刊全文数据库、中国优秀硕士学位论文全文数据库、中国重要报纸全文数据库等,中国病毒资源基础数据库(中国科学院武汉病毒研究所)。

参考型数据库(Reference Database)是指引用户通过从该数据库获取的信息线索到另一信息源以获得原文或其他信息的一类数据库,包括书目数据数据库、文摘数据库、索引数据库等二次文献数据库。如美国《化学文摘》(CA)、《科学引文索引》(Science Citation Index,SCI)等。

其他类型数字资源包括软件资源、网页资源等。

5. 从资源提供者来划分

从资源提供者来划分,可分为商业化的数字信息资源和非商业化的数字信息资源。商业化的数字信息资源主要包括数据库商或其他机构以商业化方式提供的各种电子资源,如 Elsevier 公司的 SDOS,EBSCO 公司的 Academic Search Complete、Business Source Complete,中国知网(CNKI),万方数据等数字资源。这些数字资源内容丰富、数据量大,是目前图书馆馆藏资源建设中的重要内容。非商业化数字信息资源主要指机构自建的、免费开放的特色资源库以及开放获取资源(Open Access,OA)和其他免费的网络信息资源。

6. 高校图书馆数字信息资源的主要类型

在网络环境下,数字信息资源已经成为高校图书馆信息资源建设的重点,是高校图书馆在未来发展过程中面向读者服务的重要资源形式之一。

从资源建设和利用的角度划分,高校图书馆数字信息资源主要可分为电子书、电子特种文献(包括学位论文、专利、标准、会议文献等)、参考型数据库、多媒体资源库、学科导航、学习资源库、其他类型数字信息资源等。

(1) 电子书

电子书(Electronic Book,简称 E-Book),它是一种以数字代码方式将图、文、声、像等信息存储在磁、光、电介质上,通过计算机或类似设备阅读和使用的一种电子出版物,包括电子图书、电子期刊、电子报纸等。读者可通过计算机或者阅读器阅读或下载所购买的电子图书或网站提供的电子书内容,进行在线阅读或离线阅读。

电子图书(Electronic Books)是高校图书馆重点引进及建设的数字资源之一,其内容与印刷型的图书内容基本一致。但是电子图书较印刷型纸质图书的优势在于它可提供检索、阅读及服务功能,读者可以按照自己的需求和爱好进行检索、查询、下载、标注、打印等。国内比较有影响力的电子图书数据库有超星中文电子图书、书生之家电子图书、方正电子图书等。国外电子图书的兴起和发展早于国内,而且在电子图书数据库的数量和种类上都远远超过国内。

电子期刊(Electronic Journals)就广义而言,指任何以电子形式存在的期刊,涵盖通过网络可检索到的期刊和以 CD-ROM 形式发行的期刊。电子期刊有两种类型,一种是印刷型期刊的电子版,另一种是网络版电子期刊(多为远程网络版)。国内比较有影响力的电子期刊库有清华同方的中国知网、重庆维普、万方数据电子期刊等。国外的电子期刊库中较大型的、有影响力的学术期刊有 Elsevier Science 电子期刊全文数据库、ProQuest 电子期刊库、EBSCOhost(ASP＋BSP 集成全文数据库)、Wiley-Blackwell(电子期刊数据库)、CUP(剑桥期刊在线)、WSciNet(世界科技期刊网)等,这些数据库已经成为各个高校图书馆数字资源的重点引进对象。

电子报纸(Electronic Newspaper)最初是指传统纸质印刷报纸的电子版,后来电子报纸逐渐演变成信息量更大,以及服务更加充分的网络新闻媒体,其结构与印刷型报纸基本相同,也是由刊名、刊号、出版单位或出版人、出版日期、版面数、导读栏等要素组成。相对于传统的报纸,电子报纸数据库便于管理、存储和检索。目前,国内外的电子报纸数据库有人民数据(含人民日报图文数据库)、中国重要报纸全文数据库(CCND)、人大复印报刊资料全文数据库、EBSCO-Newspaper Source、ProQuest Newspapers、Lexis 等。

(2) 电子特种文献

特种文献是指出版形式比较特殊的科技文献资料,包括学位论文、科技报告、专利文献、标准文献、会议文献、政府出版物、产品资料、其他资料(如档案资料、地图、乐谱等零散文献)等。电子特种文献资源系统包括一些专门的机构网站和数据库,如中国知网的中国重要会议论文全文数据库、国际会议论文全文数据库、中国行业标准全文数据库、万方会议文献数据库、国家科技图书文献中心(NTSL)网络版全文文献资源、PQDD(ProQuest Digital Dissertations)博硕士论文数据库、CALIS 学位论文中心服务系统、国家知识产权局网站、美国国家标准协会(ANSI)网站、ISI Proceedings 等。

(3) 参考型数据库

参考型数据库包括书目数据库,索引、文摘类数据库,指南数据库,事实/数值型数据库等,其功能是报道文献信息的存在,揭示文献信息内容,指引用户获取原始信息的路径。

① 书目数据库

书目数据库主要存储某个领域原始文献的书目,也称二次文献数据库。书目数据库的数据结构比较简单,记录格式较为固定。在联机检索和光盘检索中,有许多书目数据库可以满足用户回溯检索和定题检索的需要。如 OPAC(Online Public Access Catalogue System)公共联机书目查询系统、CALIS 联合目录数据库、全国期刊联合目录、WorldCat(世界上最大的书目数据库)、WebPAC(新一代联机公共目录)等。

② 索引与文摘类数据库

索引与文摘类数据库是将文献中具有检索意义的事项(可以是人名、地名、概念或其他事项)按照一定方式有序地编排起来,以供检索的数据库。如《科学引文索引》(Science Citation Index, SCI)、《工程索引》(The Engineering Index, EI)、美国《化学文摘》(Chemical Abstracts,CA)、经济学文摘型资料库(EconLit)、世界各国标准数据库(Worldwide Standards Service Plus,WWP)。

③ 指南数据库

指南数据库是对有关机构、人物等相关信息的简要描述，包括各种机构名录数据库、人物传记数据库、产品信息数据库、软件数据库、基金数据库等，亦称指示数据库。如台湾人物志资料库、《2011全国教育机构名录数据库》、中国机构数据库(China Institution Database,简称 CIDB)、国家社科基金项目数据库、人物传记资源中心数据库(Gale-Biography Resource Center)、Peterson's Guide(彼得森研究生指南)、PIVOT 全球学者基金库等。

④ 事实或数值型数据库

事实或数值型数据库(Factual Database/Numeric Database)是将从文献中分析、概括、提取出来，或从调研、观测及统计工作中直接获得的数值型数据作为存储和检索对象的数据库，如中国企业公司及产品数据库、中国经济网统计数据库、CNKI 中国经济社会发展统计数据库、全国科技成果交易信息数据库、中国资讯行(China InfoBank)、Springer Protocols 数据库、Internet Address Finder(IAF)等，其数据内容准确、权威、及时，数据表现形式直观，数据检索与处理功能多样。

(4) 多媒体资源库

多媒体资源库(Multimedia Resource Database)是数据库技术与多媒体技术结合的产物，是将文本、图形、图像、声频、视频等多种媒体数据结构结合为一体，并统一进行存取、管理和应用的资源系统。如国家数字文化网多媒体资源库、爱迪科森网上报告厅、库客数字音乐图书馆、超星学术视频、知识视界、百科视频、国际数字视频图书馆、ArtBase 中国艺术品图片库等。

(5) 学科导航

学科导航(Subject Navigation)是以学科为主要分类体系，对网络学术信息资源进行分类、组织和序化整理，方便用户按学科查找相关学科信息和学术资源的系统工具。如 CALIS 重点学科网络资源导航门户、方略学科导航系统。

随着网络信息资源的不断丰富，网络中可以用于学术研究和学习的资源内容越来越多，因而，学科导航的作用显得越来越重要。

(6) 学习资源库

基于网络环境的学习资源库的建立是教育信息化的重要标志之一，为学生自主学习、教师改进教学方法提供了一个重要的信息环境。学习资源库涵盖各学科分类和各类帮助用户学习使用的资料，如图书书籍、学习课件、视频教程、课后答案等；并为学习者建立了一个交流、互动的平台，如中国高等学校教学资源网、央视教育视频资源库、新东方多媒体学习库、起点考试网、银符考试模拟题库、外研社外语资源库、世界商业领袖资料库(50 LESSONS)、大学专业课学习数据库等。

其他类型数字信息资源还包括一些专题数据库(如师范教育专题数据库、汉籍数字图书馆)、全球产品样本数据库、中国大学生就业知识服务平台以及一些帮助读者高效利用信息资源的工具软件等。

三、数字信息资源检索的发展阶段

随着计算机技术和互联网的飞速发展,人们获取信息的来源不再仅仅是纸介质文献,数字信息资源已经越来越多,并成为重要的信息来源。信息检索也由手工检索发展到了计算机信息检索。计算机检索的成功应用,为我们更加及时、准确、全面地利用和发展人类的科研成果提供了先进的手段。

数字信息资源检索起源于20世纪50年代。1954年,美国海军兵器中心图书馆利用IBM 701机开发了计算机信息检索系统,它标志着计算机信息检索阶段的开始。目前,计算机信息检索已成为用户获取信息的主要方式。纵观数字信息资源检索的发展,主要经历了脱机检索、联机检索、光盘检索和网络检索4个阶段。

1. 脱机检索阶段

脱机检索,又称批处理检索。1946年世界上第一台电子计算机问世后,人们便开始研究其在信息检索领域的应用。1954年美国海军兵器中心图书馆建立了世界上第一个计算机检索系统,是数字资源的早期检索系统,利用单台计算机,以磁带作为存储介质,进行批量或定题检索。

著名的脱机检索系统有美国国立医学图书馆的MEDLARS(MEDical Literature Analysis and Retrieval System),1964年由美国国立医学图书馆(National Library of Medicine,NLM)建立,实现了文献加工、检索与编制的计算机化。此外,还有美国化学文摘社发行的《化学题录》(Chemical Title)机读磁带版,人民出版社国际编辑室主任林穗芳先生曾对《化学题录》电子出版物给予了很高的评价,认为"《化学题录》电子版是第一种用计算机编辑出版的电子期刊,既是世界最早的电子出版物,也是持续出版时间最长的电子出版物之一"。

在脱机检索中,必须事先把众多用户的各种信息要求编成"用户提问档"格式,以机读形式存储在磁带上,定期地检索数据库新增加的内容,然后把命中的文献信息发给用户。其优点是实现了批处理,提高了检索速度,其不足之处是时间滞后,用户不能及时获取所需信息,检索策略不便修改,另外,其数据存取与数据通信能力都比较差。

2. 联机检索阶段

20世纪60～80年代是联机检索试验和实用化阶段。1962年,美国麻省理工学院进行了世界上最早的联机检索试验。1965年,系统发展公司(SDC)进行了首次联机检索演示,该公司后来研制成功的联机信息检索软件ORBIT系统标志着联机检索阶段的正式开始。用户通过终端可用英语自然语言编排的检索策略与计算机直接进行人机对话,以查找所需的情报资料。1970年,美国洛克希德公司创建了 DIALOG 检索系统。美国 MEDLARS 也于 1970 年发展了联机检索系统 MEDLINE，MEDLINE 是 MEDLARS 数据库中规模最大、权威性最高的生物医学文献数据库，是目前国际医学界使用最广泛的数据库之一。

这个阶段，联机数据库被集中管理，数据库检索功能增强，能进行大批量数据处理，联机系统为全世界用户提供了丰富的电子信息资源，如著名的 DIALOG、STN 和 ORBIT 系统，其中 DIALOG 是世界上最大和历史最悠久的联机数据库信息服务系统。国际联机检索系统数据库检索到的信息资源具有实时、快速和信息追溯年代长、查准率高、实用价值较好的优点，但联机检索存在主机负担较重、对主机的依赖性过高等缺点。

3. 光盘检索阶段

光盘检索阶段始于 20 世纪 80 年代，是在计算机技术、激光存储技术等高新技术成果的基础上发展起来的。光盘检索的发展，可以说是联机检索的支持和补充。光盘是一种使用激光记录和读取信息的盘片，具有信息存取密度高、容量大、读取速度快、保存时间长、成本低等优点。光盘检索是以光盘为存储介质，利用光盘驱动器和计算机实现对光盘数据库的检索。1984 年，荷兰菲利浦公司和日本索尼公司在 COMDEX 年会上首次展出了他们的 CD-ROM 驱动器和光盘数据库，随后美国图书馆公司推出世界上第一个商品化的 CD-ROM 光盘数据库——BIBLIOFILE（美国国会图书馆的 MARC 机读目录），这是目前国际上公认的标准书目数据源。

根据使用范围，光盘检索又可分为单机版和网络版。当 CD-ROM 光盘由单机使用发展到网络，它的作用就更为明显，读者可以在图书馆、办公室、实验室甚至在家中查找图书馆的光盘数据库。光盘检索具有检索速度快、设备要求低、可随地安装、使用方便、易于操作、检索费用低廉等优点，至今仍广泛应用。

4. 网络检索阶段

网络信息检索开始于 20 世纪 90 年代初。随着卫星通信、光缆通信技术以及信息高速公路事业在全世界的迅猛发展，计算机信息检索逐步走向了全球大联网。明尼苏达大学、欧洲高能粒子协会分别推出了基于因特网的检索工具 Gopher 和 WWW。

WWW（World Wide Web，环球信息网，中文名字为"万维网"）将不同领域、不同学科、不同性质和不同种类的信息资源集于一体，汇集了各种电子书刊、电子新闻、电子报告、电子论坛、软件资料、图像文件、声音文件和电子游戏等，堪称世界上最大的图书馆或信息资源库。WWW 是一个基于超文本方式的信息检索服务工具，在互联网环境中，WWW 大多采用的是分布式计算机信息检索系统，通过高性能的并行检索机和大型的数据库管理系统分配、管理和调度网络中的通道和信息资源，具有模组化、并行性、共享性的特点。

网络信息资源具有内容的广泛性、信息的时效性、资源的动态性、访问的便捷性、使用的交互性等特点,网络化检索一般都是通过搜索引擎提供多种搜索途径,其检索界面简单,操作方便,无需很高的检索技巧,不受时空限制,使得数字信息资源利用突破了传统检索方法的局限,发挥了更大的效益。

我国在数字信息资源检索方面起步较晚,但发展速度较快。20世纪80年代初,我国图书情报机构开始引进国外数据库开展计算机检索服务,先后在北京、上海、广州、武汉、成都、重庆等城市建立了近80个远程检索终端,通过国际通信网络与国外数十个大型联机检索系统进行联机检索。1986年开始,中国和美国DIA-LOG系统、ORBIT系统以及欧洲航天局ESA-IRS等系统实现了联机情报检索,清华大学、上海交通大学、东南大学等高校也建立了自己的国际联机终端。到90年代中期,全国有200多个联机检索终端与国外的DIALOG、ORBIT、BRS、MEDI-LARS、ESA-IRS、STN、DATA-STAR等国际检索系统联机。

我国各大图书情报机构在开展国际联机检索服务的同时,也纷纷开发自己的联机检索系统及数据库,向国内提供信息检索服务,有些检索系统还走出国门,面向国外用户开展数字信息检索服务。比较有代表性的有清华同方的中国知识基础设施工程(CNKI)和中国科学技术信息研究所开发的万方数据资源系统等。

四、数字信息资源检索概述

数字信息资源检索是指根据信息需求,采用一定的技术手段,通过检索系统在数据库或其他形式的数字资源中找出用户所需相关信息的过程。

数字信息资源检索是数字信息特征标识与检索需求提问标识进行匹配的过程,它包括两方面的内容:

① 信息的标引和存储

将所采集的信息按照一定规则记录在相应的信息载体上,并按照一定的特征和内容组织成系统有序的、可供检索的集合体。为了保证用户全面准确、快速地获得所需信息,需要对原始信息进行搜集、整理、著录、标引、整序,使之从分散变为集中,从无序变为有序,从不易识别变为特征化描述,以便于人们识别和查找。

② 信息的需求分析和检索

对用户所表达的信息需求进行分析和整理,并与所存储的数字信息资源进行匹配运算,简言之,就是把检索者的提问标识与存储在检索系统中的文献标识进行比较,两者一致或文献标识包含需要检索的标识时,则具有该标识特征的文献就被从检索系统中输出反馈给用户,该输出的数字信息资源即为检索初步命中的文献。

在信息资源存储过程中,需要对信息资源进行著录。信息著录即按照某种规则对某一信息资源的主要特征(外部特征和内容特征)进行分析、选择和记录。信息著录是组织检索系统的基础,是信息存储过程中的重要环节。

文献资源的外部特征是文献外部直接可见的特殊表征。如文献的题名、责任者、序号(ISBN、ISSN等)、文种、出版事项和出处等。它是文献识别的直接依据。它的某些外部特征具有检索意义,是检索工具著录的对象。

文献资源的内容特征是指文献所含信息和知识的特殊表征,具有重要的检索意义,是检索工具描述的对象。如文献所属的学科门类、论述的主题对象、表达的基本观点等。

信息存储与检索是两个既相逆又相关的过程,信息存储是基础,信息检索是目的。

第二节 数字信息资源检索技术

由信息检索原理看,数字信息资源检索过程实际上是将检索提问词与文献记录标引词进行对比匹配的过程。为了提高检索效率,必须采用一定的检索技术。检索技术是指从数字信息资源系统中提取相关文献信息的方法和技巧,包括从概念相关性、位置相关性等方面对检索提问实行技术处理、检索词的组配形式和检索表达式的构成规则等。

常用的信息检索技术和检索方式有以下几类:

一、布尔逻辑检索

布尔逻辑检索(Boolean Operators Search)就是利用布尔逻辑算符(Boolean Operator)对检索词(短语)或代码进行逻辑组配,并指定文献的命中条件和组配次序,凡符合逻辑组配所规定条件的为命中文献。它是数字信息资源检索系统中最常用的一种检索方法。逻辑算符主要有 OR/或/＋、AND/与/＊、NOT/非/－,具体表述如下:

1. 逻辑"或"

逻辑"或"用符号"OR"或"＋"表示,其逻辑表达式为:A OR B 或 A＋B。其意义为:检索记录中凡含有检索词 A 或检索词 B,或同时含有检索词 A 和 B 的,均为命中文献,如图 1.1 中阴影所示。

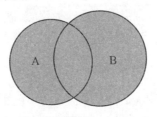

图 1.1

此算符适于连接有同义关系或相关关系的词的检索。其功能是扩大检索范围,有利于提高查全率。

例如:检索"微型计算机"方面的有关信息。查询关键词:微型计算机、微机。检索表达式:微型计算机 OR 微机。

例如:检索"唐宋诗歌"的有关信息。查询关键词:唐、宋、诗歌。检索表达式:(唐 OR 宋)AND 诗歌;或:唐 AND 诗歌 OR 宋 AND 诗歌。

2. 逻辑"与"

逻辑"与"用符号"AND"或"*"表示,其逻辑表达式为:A * B 或 A AND B。其意义为:检索记录中必须同时含有检索词 A 和 B 的文献,才算命中文献,如图 1.2 中阴影所示。检出记录应同时含有 A、B 两个检索词,相当于生活中说的"并且",就是两个条件都同时成立的情况下"逻辑与"的运算结果才为"真"。逻辑"与"检索能增强检索的专指性,缩小检索范围,有利于提高查准率,此算符适于连接有限定关系或交叉关系的词。

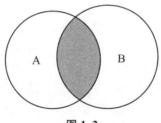

图 1.2

例如:检索"化学分层教学"方面的文献信息。检索式:化学 AND 分层教学。

3. 逻辑"非"

逻辑"非"用符号"NOT"或"－"表示,其逻辑表达式为:A NOT B 或 A－B。其意义为:含有检索词 A,但不含有检索词 B 的文献,才算命中文献,如图 1.3 中阴影所示。逻辑"非"和逻辑"与"运算的作用类似,可以缩小检索范围,增强检索的准确性,功能:排除不需要的和影响检索结果的概念,以提高查准率。此算符适于排除那些含有某个指定检索词的记录。但如果使用不当,将会排除有用文献,从而导致漏检。

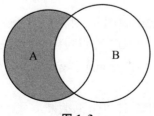

图 1.3

例如:检索能源方面而排除核能方面的研究文献。检索式:Energy－Nuclear。

注意：在不同的数据库中，所使用的逻辑符号可能是不同的，有的用"AND""OR""NOT"，有的用"＊""＋""—"。一些检索工具还会完全省略任何符号和关系，直接把布尔逻辑关系隐含在菜单中。

一般情况下，布尔运算符优先级处理规则是：有括号时，括号内的先执行；无括号时：NOT＞AND＞OR。信息检索系统的处理是从左向右进行的。在有括号的情况下，先执行括号内的运算，例如要检索有关环境保护中废水处理方面的资料，可使用检索式"环境保护＊（废水＋污水）"进行查询；有多层括号时，先执行最内层括号中的运算，逐层向外进行。在没有括号的情况下，AND、OR、NOT的运算次序按规则执行，但并不完全一致，如 DIALOG 系统中依次为 NOT＞AND＞OR；STAIRS 系统和 ORBIT 系统中依次为 AND 和 NOT 按自然顺序执行，然后执行 OR 运算。检索时应注意了解各检索系统的规定。

二、截词检索

截词检索（Truncation Search）是指在检索式中检索词的合适位置进行截断，然后使用截词符进行处理，查找含有该词干的全部检索词的记录，所以又称词干检索、部分一致检索或称通配符（Wildcard）检索。其作用主要是解决一个检索词的单复数、词性变化，词干相同而词尾不同，词的前缀或后缀变化以及词汇拼写差异等问题，主要应用于西文数字信息资源的检索。其功能是扩大检索范围，提高查全率，减少检索词的输入量，节省检索时间，降低检索费用。截词符一般用"?"或"＊"表示。不同的系统所用的截词符有时不相同。

根据截词的位置不同可分为前截断、后截断、中间截断等。

前截断：截去某个词的前部，对词的后方一致性进行比较，也称后方一致检索。例如，用"＊physics"可检索到"physics""astrophysics""biophysics""geophysics"等词的结果。

后截断：截去某个词的尾部，对词的前方一致性进行比较，也称前方一致检索。例如，输入"comput＊"，将检索出"computer""computing""computerised""computerized""computerization"等词的结果。若输入"PY＝198?"，会把 20 世纪 80 年代的记录全部查出来。

中间截断：截去某个词的中间部分，对词的两边一致性进行比较，也称两边一致检索。例如，输入"organi?ation"，可以检出"organization""organisation"等词的结果；输入"wom＊n"，可检索到"woman""women"等词的结果；输入"f??t"，可查出"foot""feet"等词的结果。

复合截断：是指同时采用两种以上的截断方式。例如，输入"?chemi?"，可以检索出"chemical""chemist""electrochemistry"等词的结果。

由上述可见，任何一种截词检索，都隐含着布尔逻辑检索的"或"运算。采用截词检索时,既要灵活又要谨慎,截词的部位要适当,如果截得太短(输入的字符不得少于3个),将增加检索噪声,影响查准率。有些检索系统不支持使用截词符的截词检索技术,系统默认的是词根检索,即输入一个词,系统会自动检索出同一词根的一组词,例如输入"gene",可以检索出"gene""genic""genome"等词的结果。这是一种智能检索方式,但要求系统内必须预先配置词根表。如IEE/IEEE全文数据库默认词根检索。

另外,不同的机检系统使用的截词符不同,各数据库所支持的截词类型也不同,例如DIALOG系统和STN系统用"?",BRS系统用"$",ESA-IRS系统用"+"等。

三、邻近检索

邻近检索(Proximity Search)又称位置算符检索(Position Operator Search),即运用位置算符表示两个检索词间的位置邻近关系。这种检索技术通常出现在西文数据库及全文检索中。

文献记录中词语的相对次序或位置不同,所表达的意思可能不同。例如检索"生物防治"的文献,若用检索式"biological control"检索,则会将"抑制生物"(Control Biological)的文献也查出来,这显然不是所需文献。布尔逻辑运算符有时难以表达某些检索课题确切的提问要求。字段限制检索虽能使检索结果在一定程度上进一步满足检索要求,但无法对检索词之间的相对位置进行限制。而位置逻辑检索以原始记录中检索词与检索词间特定的位置关系为逻辑运算对象,检索词用位置算符相连,就可以弥补布尔检索和字段限制检索的缺陷,可使检索结果更准确。

按照两个检索词出现的顺序与距离,可以有多种位置算符。对同一位置算符,检索系统不同,规定可能不同。常用的有相邻位置算符(W)、(nW)、(N)、(nN),字段算符(F)等。

1. (W)与(nW)算符

"W"是"with"的缩写,表示其连接的两个检索词必须按序出现,中间不允许插词,但允许有一空格或标点、符号。

"nW"为"nWord/n Words"的缩写,表示此算符两侧的检索词之间允许插入最多n个词,但两个检索词的词序不许颠倒。例如,用"laster(1W)print"可检索出包含"laser printer""laser color printer"和"laser and printer"的记录。

2. (N)与(nN)算符

"N"是"near"的缩写,表示两个检索词为相邻关系,顺序可以互易,但两个词之间不能插入任何词。例如,用"building(N)construction"可检索出"building-construction""construction building"的记录。

(nN)算符:表示两个检索词之间可以插入 n 个词,并且词序可以颠倒。如检索式:environment(2N)protection,命中记录中出现的匹配词可能有"environment protection""environment of the protection""environment of water protection"等。又如"economic(2N)recovery",可以检索出"economic recovery""recovery of the economy"等。

3. (F)算符

"F"的含义为"field",表示其两侧的检索词必须在同一字段(例如同在题目字段或文摘字段)中出现,词序不限,中间可插任意检索词项。例如:

digital(F)computer,若选择题名字段(TI),则表示在题名字段(TI)中同时出现这两个检索词才算命中信息。

注意:采用位置算符检索时,不同机检系统,位置检索的算符及功能不同,检索时应参看各检索系统的相关说明。

邻近检索对提高检索的查准率有重要作用,当检索的概念要用词组表达,或者要求两个词在记录中位置相邻/相连时,可使用位置算符。但网络信息检索中基本上只支持(W)、(nW)和(N)、(nN)检索式。

四、限制检索

限制检索(Limitation Search)是通过限制检索范围,达到优化检索结果的方法。限制检索的方式有多种,主要包括字段限定检索、使用限制符、采用限制检索命令等。

字段限定检索是限定检索词在记录中出现的字段范围,检索时,计算机只对限定字段进行查找。字段检索分后缀方式和前缀方式,字段有主题字段和非主题字段之分。

主题字段又称基本检索字段,它表示文献的内容特征,用后缀符表示,例如 TI (题名)、AB(文摘)等;非主题字段又称辅助检索字段,表示文献的外部特征,用前缀符表示,例如(作者)AU＝、(语种)LA＝等。

常用检索字段代码对照见表1.1。

表1.1 常用检索字段代码对照表

代码	检索字段	代码	检索字段	代码	检索字段
TI/T	题名	AB/R	摘要	DE	叙词
ID	标识词	SU	主题词	KW/K	关键词
AU/A	著者	SO	来源出版物	CS/S	机构
BN	国际标准书号	SN	国际标准刊号	CC/C	分类类目
DT	文献类型	PT	出版物类型	JN/J	刊名
JA	刊号	LA	语种	PY	出版年

注意：不同的数据库其字段代码可能不同。

例如：查找关于蛋白质染色(protein stain)方面研究的外文文献，检索式可为：

AB protein stain * AND TI protein stain *　　　　（EBSCO 数据库）

要求"蛋白质染色"一词同时出现在标题字段和文摘字段中。

又如查找 Wang lan 写的文章，可以输入检索式：AU＝Wang lan。

注意：各个数据库所设立的字段不一定相同，即使同一字段，也可能采用不同的字段代码。在数据库中，字段名称通常放置在下拉菜单中供用户选择。

使用限制符：用表示语种、文献类型、出版国家、出版年代等的字段标识符来限制检索范围。例如：要查找 2012 年出版的微型计算机方面的英文期刊，则检索式可用：

microcomputer？？/de，ti，ab AND PY＝2012 AND LA＝EN AND DT＝Serial

还可使用范围符号，如 Less than、From to 等，如查找 2000～2010 年的文献，检索式可表示为：PY＝2000：2010 或者 PY＝2000 to PY＝2010。

使用限制指令：限制指令可以分为一般限制指令(Limit)和全限制指令(Limit All)，前者是对事先生成的检索集合进行限制；后者则是在输入检索式之前向系统发出，把检索的全过程限制在某些指定的字段内。例如：

"Limit S5/328 000－560 000"表示把先前生成的第 5 个检索集合限定在指定的文摘号内。又如"Limit all/ti，ab"表示将检索限定在题名和文摘字段内。

上述几种限制检索方法既可独立使用，也可以混合使用。

注意：一般情况下，数据库中记录的所有字段均可做限定字段检索。在实际采用字段限制检索时，应参阅有关数据库的使用说明，避免产生误检。

五、二次检索

经分类浏览、初级检索或高级检索后，若检索结果过多，可使用"结果中检索"（如中国知网），在检索结果中进行二次检索。二次检索功能可反复多次使用。在已有检索结果的基础上，可重新设置检索限定，进一步缩小检索范围，以逼近检索目标，使检索结果更符合查询目标。

六、多媒体信息检索

随着互联网技术与多媒体技术的飞速发展，各种音频、图像、视频信息层出不穷，人们面对浩瀚的多媒体信息"海洋"，越来越感到难以有效地管理和获取有用信息，因而提出了对多媒体多类型数据信息的检索需求。

1. 基于文本的多媒体信息检索

基于文本的多媒体信息检索(Text Based Retrieval，TBR)是一种传统的多媒体信息检索的方法。这种检索方法的特点是抽取反映该多媒体信息物理特性(如载体规格和文件大小等)和内容特性(责任者、代表多媒体内容的关键词或主题词等)的文本信息,以关键词的形式来反映多媒体的物理特征和内容特征,建立类似于文本文献信息检索系统的索引数据库,从而将对多媒体信息的检索转变成对文本信息的检索。目前常用于抽取关键词的字段有文件名或目录名、多媒体标题、多媒体周围文本信息或解说文字等。

传统的多媒体信息检索技术依赖于文本检索技术,对于多媒体信息的处理是转化为基于文本描述的检索,通过对图像等信息进行手工注解,然后利用文本检索技术进行关键字检索,对音频、图像或视频的查询被转换成了对文本的查询。这种方法的特点是简单易行,实现成本也比较低,但音频、图像或视频所表现出来的丰富内容是很难用文字表现出来的。事实上,人们更习惯于通过音频、图像和视频的内容特征来记忆多媒体信息的,比如音调、旋律、颜色、场景及语义信息等,而文本注释不能完全表达图像所包含的丰富内涵,造成了不可避免地存在主观性和不精确性,因此,需要开发出一种新型的技术来检索多媒体数据,基于内容的多媒体信息检索技术应运而生。

2. 基于内容的多媒体信息检索

基于内容的多媒体信息检索(Content Based Retrieval,CBR)是目前多媒体信息检索领域最活跃的技术方法,其基本原理是提取出能代表多媒体信息内容特征的线索,然后根据其特征线索从大量存储在数据库的多媒体信息中进行查找,检索出具有相似特征的多媒体信息,主要是对多媒体对象的语义、媒体的视觉特征或听觉特征进行检索,细述请参见第五章的相关内容。

基于内容的多媒体检索技术的正日益成熟,不仅创造出巨大的社会价值,而且将改变人们的工作、学习和生活方式。目前,多媒体信息检索技术在数字图书馆建设、交互电视、遥感和地球资源管理、远程医疗以及军事指挥系统、知识产权保护等领域已得到了广泛应用。

七、跨库检索

由于现今数据库大都采用自己定义的数据格式和文件格式,提供的检索功能各不相同,读者为了使用这些资源,不得不熟悉和掌握不同的数据库查询工具和浏览工具,这不仅浪费了读者大量的时间和精力,而且效率低下,在一定程度上影响了资源的使用效率。而跨库检索系统可通过整合检索,方便快捷地获取所有资源。

跨库检索(Cross Database Search,One-Stop Searching)又称集成检索(Integrated Retrieval)、多数据库检索(Multi Database Search)等,是借助单一的检索接口,将用户检索需求转化为不同数据库的检索表达式,并发地检索本地和广域网上的多个分布式异构数据库。这里所说的分布式异构信息资源,既有包括本地馆藏的图书、期刊、多媒体数据库信息,也有来自网络数据库的期刊论文、会议文献、OPAC

书目信息、E-print 等资源,甚至有经过搜索引擎发现的网页信息。

跨库检索能够提供统一的检索接口、统一的检索界面,可有效减轻用户学习检索不同数据源的负担,而且按统一标准排序,大大方便了用户的浏览和选择。

资源库间的跨库检索主要通过两种方式实现:一种方式是通过超媒体链接实现资源库间的跨库检索;另一种方式是条目名称的自由文本检索。

第三节　数字信息资源检索语言

检索语言(Retrieval Language),又称检索标识,是组织文献与检索文献时所使用的语言。人们在进行文献信息存储时,需对文献的内容特征(如分类、主题)和外表特征(如书名、刊名、篇名、号码、著者等)用一定的语言来描述,检索文献时的提问也需按照一定的语言来加以表达,这种在文献的存储和检索过程中,共同使用、共同遵循的语言就是检索语言。检索语言与检索效果之间有着密切的关系,它在检索过程中起着极其重要的作用。

检索语言可分为自然语言(Natural Language)和人工语言(Artificial Language)两种。自然语言采用的检索词是未加工整理和规范过的,如我们平常使用的关键词,这种语言又称作关键词语言(Keyword Language)。人工语言则采用经过规范化的词,规定一个词表示一种事物,例如规定"aircraft"表示飞机,而不用"plane"和"aeroplane",以保证文献存储和检索的一致性。

数字信息检索语言按其构成原理主要包括分类语言和主题语言。分类语言包括体系分类语言和组面分类语言两种;主题语言包括标题词、关键词、单元词和叙词等四种语言。常用的检索语言主要有体系分类语言、标题词语言、叙词语言和关键词语言以及代码检索语言等。

1. 分类语言

分类语言是以学科体系为基础,将各种概念按学科性质和逻辑层次结构进行分类和系统排序,并用数字、字母符号对类目进行标识的一种语言体系,也称分类法。这是一种直接体现知识分类的等级制概念标识系统。分类语言中最常见的是体系分类语言或称体系分类法。体系分类法的主要特点是按学科、专业集中文献,并从知识分类角度揭示各类文献在内容上的区别和联系,提供从学科分类检索文献信息的途径。著名的分类法有《国际专利分类表》(IPC)、《杜威十进分类法》(DDC)、《美国国会图书馆图书分类法》(LC)、《中国图书馆图书分类法》(中图法)和《中国科学院图书馆图书分类法》(科图法)等。

《中图法》是《中国图书馆图书分类法》的简称,是我国目前通用的类分图书的工具,读者掌握了这部分类法的有关知识,便能迅速、有效地查寻全国各图书馆的馆藏。

《中图法》基本结构：

① 基本部类

《中图法》分五大部类：马克思主义、列宁主义、毛泽东思想、邓小平理论；哲学；社会科学；自然科学；综合性图书。

② 基本大类

构成分类表的第一级类目，有22个基本大类。

③ 简表

由基本大类与由其直接展开的一、二级类目所形成的类目表。

④ 详表

由简表展开的各种不同类目所组成的类目表，是文献分类的真正依据。

《中图法》类号采用汉语拼音字母与阿拉伯数字的混合编码，用一个字母代表一个大类，以字母的顺序反映大类的序列，在字母后用数字表示大类下类目的划分，数字的设置尽可能代表类的级位，并基本上遵从层类制的原则。

《中图法》共有22个基本大类，每个大类都用一个英文字母表示。22个大类如下所示：

A　马克思主义、列宁主义、毛泽东思想、邓小平理论
B　哲学、宗教
C　社会科学总论
D　政治、法律
E　军事
F　经济
G　文化、科学、教育、体育
H　语言、文字
I　文学
J　艺术
K　历史、地理
N　自然科学总论
O　数理科学和化学
P　天文学、地球科学
Q　生物科学
R　医药、卫生
S　农业科学
T　工业技术
U　交通运输
V　航空、航天

X 环境科学、安全科学

Z 综合性图书

体系分类法较好地体现了学科系统性,按体系分类法检索能满足从学科或专业角度广泛地进行课题检索的要求,达到较高的查全率。但由于是先组式检索语言,缺乏多概念灵活组配的能力,因而不能满足特性检索的需要。

2. 标题词语言

标题词语言是最早出现的一种按主题来标引和检索文献的传统检索语言,是一种先组式规范化检索语言,采用的标题词是经过规范化处理的名词术语(包括词和短语)。有不少图书馆使用美国的《国会图书馆标题表》标引西文图书,美国《工程索引》在1992年前使用的"工程主题词表"(简称 SHE)就是典型的标题词语言,美国《化学文摘》的"索引指南"也属于此类检索语言。

标题词语言的标题词一般由主标题词和副标题词组成。使用时,按所选的主标题词或副标题词在词表中按英文字顺查找就可查到。主标题词是用来称呼主题,表示事物主体或方式、过程的名词。副标题词是对主标题进行修饰、限定和细分的名词,表明主标题的某一方面,起着主题分类的作用。

标题词语言可将同一事物不同方面的文献都集中在表达该事物概念的标题词下,便于把不同学科论述同一事物的文献集中起来。标题词语言适合于从事物出发的检索。例如,关于"茶的贸易""茶的栽培"的信息,分别用"茶—贸易""茶—栽培"这样的标题进行主题标引后,就能依"茶"这种事物进行集中。

3. 叙词语言

叙词又称描述词或叙述词,是指从信息的内容中抽出的、以概念为基础、经过优化和规范化处理、用以表达文献基本内容的名词或术语。

叙词语言是以叙词作为文献内容标志和检索依据的一种主题语言。我国编制的《汉语主题词表》就是一种典型的叙词语言。它由字顺表、词族索引、范畴索引和英汉对照索引等组成。其中,字顺表是《汉语主题词表》的主表,词表中共有6个参照项,其符号、简称和作用见表1.2。

表1.2 《汉语主题词表》参照项之间的关系

参照关系	参照项	符号	含义	作用	英文符号
等同关系	用项	Y	用	同义词(正式叙词)	USE
	代项	D	代	同义词(非正式叙词)	UF
属分关系	分项	F	分	狭义词	NT
	属项	S	属	广义词	BT
	族项	Z	族	族首词	TT
相关关系	参项	C	参	相关词	RT

例如：乙醇
  D 酒精
  酒精
  Y 乙醇

4. 关键词语言

关键词是指能够表达文献主题内容的、可作为检索入口的、未经过规范化的自然语言词汇。关键词语言是将文献中原有的、能描述其主题概念的具有检索意义的词汇抽出，并按字顺排列起来的检索语言。

用关键词表达事物概念，具有直接、准确等特点。由于关键词语言是一种非控制的自然语言，因而能用计算机进行自动抽词标引，适合于用计算机自动编制各种类型的关键词索引。采用关键词语言编制的检索工具很多，如美国《化学题录》（CT）中的"题内关键词索引"、《化学文摘》（CA）中的"关键词索引"、《国际学位论文文摘》（Dissertation Abstracts International, DAI）等。

例如：检索"计算机在道路勘测与道路设计中的应用"，可采用关键词检索：计算机 AND（道路勘测 OR 道路设计）。

5. 代码检索语言

代码检索语言是以表示事物某方面特征的代码作标识、组织排列表达文献主题概念的一种标引语言，具有唯一性、简捷性和可读性，如 ISBN（国际标准书号）、ISSNI（国际标准刊号），还有《CA》中的分子式索引和环系索引（利用文献涉及的化合物的分子式或环状化合物的环分析数据组成的索引）等。

第二章 参考型数据库信息检索

　　数据库(DataBase,DB)是按照数据结构来组织、存储和管理数据的仓库。数据库系统的萌芽出现于 20 世纪 60 年代。随着计算机开始广泛地应用于数据管理,传统的文件系统已经不能满足人们的需要,人们对数据的检索和共享提出了越来越高的要求,能够统一管理和共享数据的数据库管理系统(Database Management System,简称 DBMS)应运而生。1961 年,美国通用电气公司 C. W. Bachman 成功地开发出世界上第一个网状数据库管理系统,也是第一个数据库管理系统——集成数据存储(Integrated Data Store,IDS),奠定了网状数据库的基础,它可使多个 COBOL 程序共享数据库中的数据。为此,Bachman 于 1973 年获得了美国计算机协会(ACM)颁发的图灵(Turing)奖。1976 年,Honeywell 公司开发了第一个商用关系数据库系统——Multics Relational Data Store。1980 年,Oracle 公司引入了第一个商用 SQL 关系数据库管理系统。随着网络技术、多媒体技术、人工智能技术以及数据挖掘技术等领域的发展及新的信息需求出现,传统的数据库系统已不能满足人们的要求。为了适应海量信息和复杂数据处理要求,20 世纪 90 年代,科研人员又研制出面向对象的数据库系统(Object Oriented DataBase System,简称 OODBS),这是一种能够适应复杂数据结构和海量存储的新型数据库,不仅简化了界面的开发,而且提供了一种更加灵活、更加便捷的数据处理方法。

　　经过半个多世纪的发展,数据库已从第一代的网状数据库系统、层次数据库系统,第二代的关系数据库系统发展到了第三代以面向对象模型为主要特征的数据库系统。新型数据库能更系统地组织数据、更便捷地维护数据、更严密地控制数据和更有效地使用数据。目前,能进行海量信息存储和多功能检索的数据库系统被广泛应用于商业、医疗保健、教育、政府机构、图书馆、军事、工业控制等,它已成为信息管理、电子商务、网络服务等应用系统的核心技术和重要基础。

　　美国著名的信息检索专家 Martha E. Williams 从文献组织的角度给数据库下的定义是:"包含书目及与文献有关数据机读记录的有组织的集合"。从记录形式和数据内容的角度,我们将数据库分为两大类:一类是参考型数据库,是指针对原始文献信息而开发的二次文献数据库,包括书目型数据库、索引(题录)数据库、文摘型数据库等,其功能是指引研究人员根据文献信息线索去查找原始文献;另一类是源数据库,能够直接提供原始文献信息或具体数据信息,包括全文数据库、数值型数据库、图像数据库等。本章及下一章主要介绍一些有代表性的参考型数据库资源以及期刊全文数据库的检索方法。

第一节　索引类数据库信息检索

一、概述

索引是对数据库表中一列或多列的值进行排序的一种信息组织方式。索引文件是按照字符、数值或日期型建立一个索引表，通过索引表查找原库中该记录的位置，从而提取数据。一个索引文件的记录至少包括两个部分：一部分是选择原库中某个关键字段，并且该字段已按序排列；另一部分是原库中该记录的位置编号或位置信息。因而，任何一个索引文件，必须依附于另一个原始数据库文件，从某种意义上说，索引是对原数据库的压缩。有多少个可检索字段，就有多少索引，如作者索引、主题词索引、分类号索引、结构式索引等。通过查阅数据库索引，可以了解数据库收录内容的各种情况。

引文索引是从文献之间的引证关系着手，通过文献计量方法来揭示文献之间（包括学科之间）的内在联系，分析出某一学科的研究动态、发展情况以及该学科的核心作者群等信息的索引。引文索引常常以某一文献的题名、作者名、发表年份、出处等基本数据作为标目，标目下列出引用或参考过该文献的全部文献及出处，帮助用户从被引文献查找引用文献。引文分析得到的数据，可以用于评价科技文献的价值、科技人员及科研机构的工作成绩和水平，如美国科学引文索引(SCI)被许多国家和科研机构作为评价科研能力和水平的重要工具之一。

二、中文索引数据库

1. 中文社会科学引文索引

（1）资源概况

《中文社会科学引文索引》(Chinese Social Sciences Citation Index, CSSCI)是由南京大学中国社会科学研究评价中心开发研制的引文数据库，是教育部人文社会科学研究"九五"规划重大项目。CSSCI遵循文献计量学规律，采取定量与定性相结合的方法，从全国3000多种中文人文社会科学学术性期刊中精选出学术性强、编辑规范的期刊作为来源期刊，目前收录了包括法学、教育学、管理学、经济学、历史学、政治学、社会学等在内的25大类的500多种学术期刊，是我国人文社会科学文献信息查询的重要工具。

《中文社会科学引文索引》(CSSCI)的主要用途：
① 利用CSSCI开展人文及社会科学研究

CSSCI可以从来源文献和被引文献两个方面为研究人员提供相关研究领域的前沿信息，包括某研究领域的经典著作、论文和核心期刊信息，并通过不同学科、领域的相关逻辑组配检索挖掘学科新的生长点，发掘知识创新的途径。

② 利用CSSCI进行科学研究的评价与管理

CSSCI所收的期刊是严格按期刊影响因子、学科排序位次以及国内知名专家的定性评价相结合而产生出来的。因此，CSSCI所收录的论文和被引情况可作为社会科学研究评价指标之一，并可为制定科学研究发展规划、科研政策提供决策参考。

③ 利用CSSCI进行人文、社会科学期刊评价与管理

CSSCI的源刊可作为评价期刊学术影响和地位的重要的计量指标。CSSCI提供了多种定量数据，包括影响因子、被引频次、期刊影响广度、地域分布、半衰期等，可为期刊评价提供定量依据，也可为出版社与各学科著作的学术评价提供定量依据。

通过引文索引数据库的统计与分析，可以从定量的视角评价地区、机构、学科以及学者的科学研究水平，为人文社会科学事业发展与研究提供第一手资料。目前，教育部已将CSSCI数据作为全国高校及科研机构与基地评估、成果评奖、项目立项、期刊评估、人才培养等方面的重要指标。

(2) CSSCI数据库检索

CSSCI数据库面向高校开展网上包库服务，主要提供账号和IP两种方式控制访问权限，其中，账号用户在网页上直接填写账号密码即可登录进入。包库用户采用IP地址控制访问权限，可直接点击网页右侧的"包库用户入口"进入。

进入CSSCI数据库主页，如图2.1所示。

图 2.1

目前，利用CSSCI可以检索到所有CSSCI来源刊的收录（来源文献）和被引情况。来源文献检索提供多个检索入口，包括篇名、作者、作者所在地区机构、刊名、关键词、文献分类号、学科类别、学位类别、基金类别及项目、期刊年代（卷、期）等。被引文献检索提供的检索入口包括被引文献、作者、篇名、刊名、出版年代、被引文献细节等。其中，多个检索入口可以按需进行优化检索：精确检索、模糊检索、逻辑检索、二次检索等。检索结果按不同检索途径进行发文信息或被引信息分析统计，并支持文本信息下载。

进入检索页面，如图2.2所示，可以根据需要选择相应的年度进行数据检索。

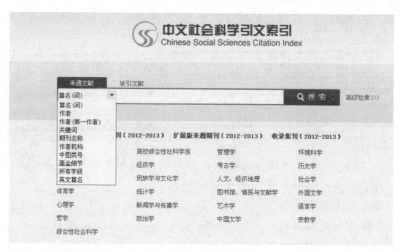

图 2.2

① 来源文献检索的简单检索

直接输入检索词，如"教育"进行检索，如图2.3所示。

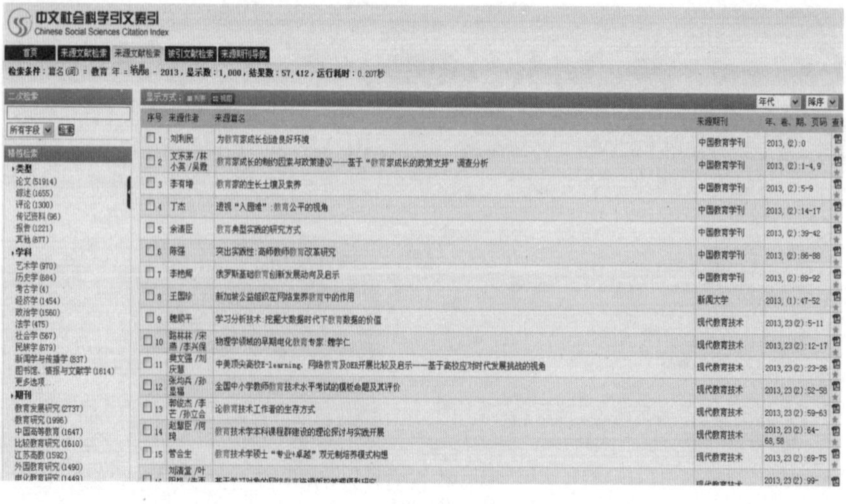

图 2.3

进入来源文献检索界面，可以检索包括普通论文、综述、评论、传记资料、报告等类型的文章，检索输入框提供篇名、英文篇名、来源作者、关键词、期刊名称、中图类号、作者机构、基金细节等途径，还可以通过学科来进行浏览。

② 被引文献检索的简单检索

直接输入检索词，如"法律"进行检索，如图 2.4 所示。

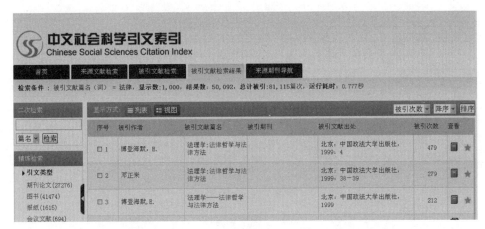

图 2.4

在被引文献检索界面，可以检索到论文（含学位论文）、图书、报纸等文献被引用的情况（**注意**：该数据库只能检索论文第一作者的引用情况），可继续查看被引文献细节信息，如图 2.5 所示。

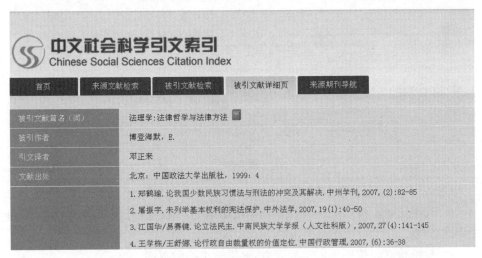

图 2.5

③ 高级检索

高级检索是专为具有专业检索背景的用户而设计的，选择高级检索，输入限定条件,如作者名、期刊名称、发文年代等进行查询,如图 2.6 所示,所得结果如图 2.7 所示。

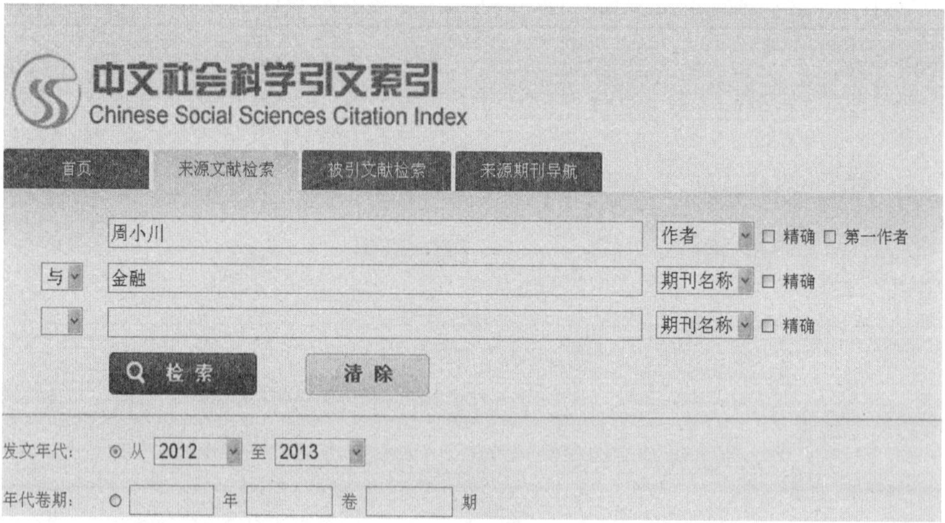

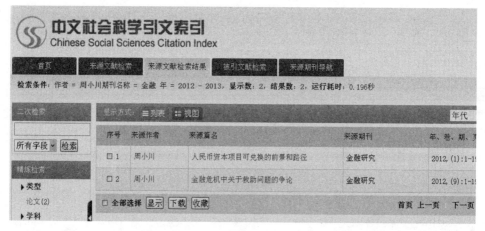

图 2.6

图 2.7

CSSCI 2012 版的其他功能:

　　a. 收藏功能。可以对用户检索的重要数据进行收藏,方便用户统一管理,避免再次查找。

　　b. 精炼检索。按照不同类型聚类,逐层缩小检索范围。

　　c. 原文链接。是新版开发中的重要功能,在显示检索结果的同时,提供原文链接,方便用户深入阅读。

　　d. 新版支持 and(+)、or、and/or、not(一)逻辑算符检索。

例如，在篇名词检索框中输入"循环 and 经济学"，如图 2.8 所示，所得结果如图 2.9 所示。

图 2.8

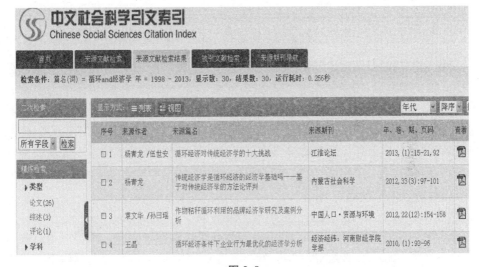

图 2.9

e. 精确短语检索。可使用双引号标出词组或短语，要求检索结果中必须包含该词组或短语，以达到精准检索的效果。例如，在检索框中输入"循环经济"，所得结果如图 2.10 所示。

2. 报刊资料索引数据库

（1）资源概况

《报刊资料索引数据库》由中国人民大学书报资料中心编辑出版，该中心成立于 1958 年，是新中国最早从事人文社会科学文献搜集、整理、编辑、集成、发布的信息资料提供机构，现已出版 148 种期刊，包括"复印报刊资料全文库""中文报刊资料摘要数据库""中文报刊资料索引数据库"等系列,其中,"复印报刊资料全文库"的转载量(率)一直被学术界和期刊界认可和重视。

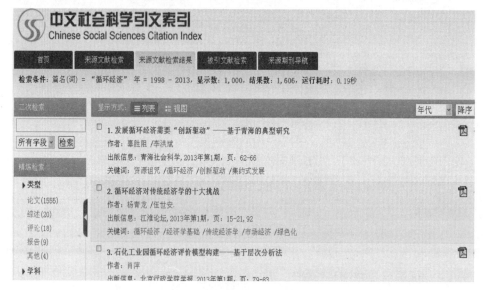

图 2.10

《报刊资料索引数据库》属于题录型数据库,汇集了自 1978 年至今百余个专题刊物上的全部题录,按专题和学科体系分为九大类,包括法律类、经济学与经济管理类、教育类、历史类、文学与艺术类、文化信息传播类、哲学类、政治学与社会学类和其他类,数据量达 600 多万条,每条数据包含专题代号、类目名、篇名、著者、原载报刊名称及刊期、复印专题名称等多项信息,可帮助用户及时了解本专业的研究状况和热点问题,是一个比《复印报刊资料》目录索引数据库数据量更大,信息覆盖面更广泛的索引型数据库。

(2) 检索方式

报刊资料索引数据库提供了普通检索和高级检索两种方式。用户可通过关键词、标题字段、副标题、作者、原刊名、分类名以及出版年份等途径进行检索。检索结果可以打印、拷贝。如图 2.11 所示。

三、外文索引数据库

1. 美国《工程索引》

(1) 资源概况

美国《工程索引》(The Engineering Index,简称 EI),创刊于 1884 年,由美国工程信息公司编辑出版。它与 SCI、CPCI(即原 ISTP)被公认为国际著名三大检索工具,主要包括美国工程学会图书馆收藏的美、英、德、日、法、中等 60 多个国家、25

种文字、4500多种工程技术类期刊及2000多种会议录。《EI》是目前世界上最著名也是最重要的工程技术类综合性检索工具，是科研人员、工程技术人员和科技信息人员进行科研、设计和信息交流必不可少的重要检索工具。

图2.11

《EI》名为索引，实际上是一种文摘性刊物，收录的每篇文献都包括书目信息和一个简短的文摘。除了书本式出版物《工程索引月刊》(The Engineering Index Monthly)和《工程索引年卷本》(The Engineering Index Annual)和缩微版的产品外，还提供了数字形式资源：

①《工程索引》光盘版

《工程索引》光盘版中最主要的是在1984年推出的光盘版数据库(CD-ROM Compendex)。

②《工程索引》网络版

20世纪90年代，网络版数据库(EI Compendex Web)推出。

③ EI信息村

20世纪90年代，随着Internet的普及，为了帮助读者通过Internet使用EI其他信息资源，EI在Internet上建立了工程信息村(Engineering Village)。EI工程信息村是一个基于Internet平台，以EI Compendex Web数据库为核心的集多种数据库检索、多种信息服务为一体的大型信息检索集成系统，除收录核心数据库EI Compendex Web外，还收录了INSPEC、NTIS、EI专利等资源。

EI Compendex是Computerized Engineering Index的缩写，即计算机化工程

索引。EI Compendex 为全记录格式，是美国《工程索引》核心刊，主要收集工程和应用科学领域的文献，其数据来自全球 50 多个国家，所用语言近 20 种，但大部分是英文，文献来源类型包括期刊、会议论文集和技术报告的参考文献和摘要，涉及机械、土木工程、环境工程、电工电子、结构学、材料科学、固体物理和超导、生物工程、能源、化工、光学、大气和水污染防治、危险废物处理、运输和安全等主要工程领域，几乎涵盖工程和应用科学领域的各学科，数据库每周更新数据，每年增加近 20 万条文摘，以确保用户可以了解其所关注领域的最新进展。

INSPEC(Information Service in Physics, Electro-Technology, Computer and Control)由英国机电工程师学会(IEE,1871 年成立)出版，它涉及的主要学科领域包括物理学、电子与电气工程、计算机与控制工程以及信息科技等，是全球著名的科技文摘数据库之一，是物理学、电子工程、电子学、计算机科学及信息技术领域的权威性文摘索引数据库，网络版收录范围为从 1969 年至今，数据每周更新。

NTIS(National Technical Information Service)是美国国家技术情报社出版的美国政府报告文摘题录数据库，以美国政府立项研究及开发的项目报告为主，少量收录西欧、日本及世界各国(包括中国)的科学研究报告，此外，还收录专利文献、会议论文、期刊论文、翻译文献等，90％的文献是英文文献，专业内容涉及计算机科学、能源科学、环境科学、材料科学、化学、航空学与空气动力学等领域。

(2) EI Village 检索

Engineering Village 提供了快速检索(Quick Search)、专家检索(Expert Search)、词条检索(Thesaurus Search)三种检索方式，如图 2.12 所示。

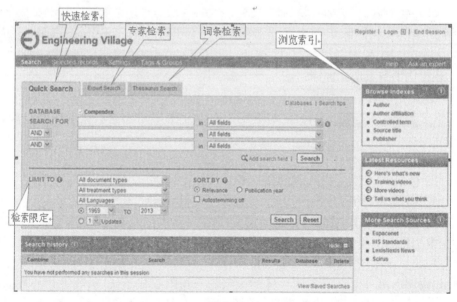

图 2.12

① 快速检索

直接输入检索词,选择检索字段,用逻辑算符"AND""OR""NOT"进行组配,如图 2.13 所示。

可选择的字段包括:

    All fields   所有字段
    Subject/Title/Abstract 主题词/标题/摘要
    Abstract   摘要
    Author   作者
    Author affiliation   作者单位
    Title   题名
    Controlled term   EI 受控词

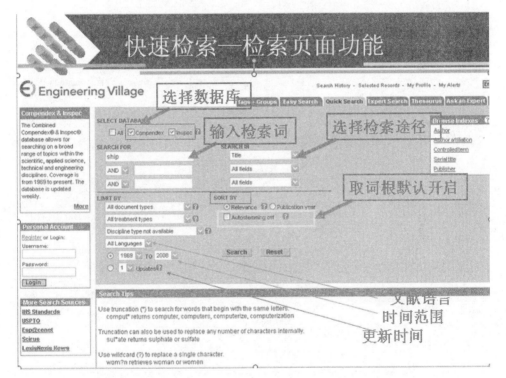

图 2.13

② 专家检索

有一独立的检索框,用户采用"within"命令(wn)和字段码,可以在特定的字段内进行检索。如图 2.14 所示。

例如,输入"artificial intellegence wn TI",检索结果如图 2.15 所示。

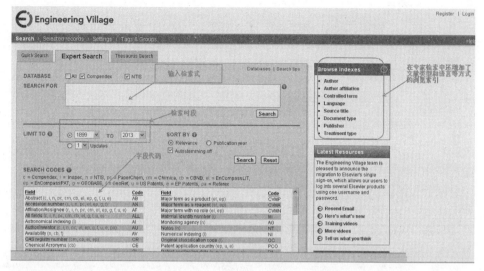

图 2.14

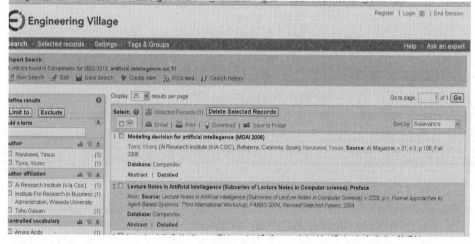

图 2.15

③ 词条检索

根据 EI 受控词(Controlled Term)来进行检索。如图 2.16 所示。

④ 浏览索引

点击浏览索引框(Browse Indexes),当用户选择了索引中的某词后,它将自动被粘贴到第一个可用的检索框中。如果用户的选择超过了三个词语,第四个词语将覆盖第三个检索框中的词语。

有时,用户在使用"专家检索"(Expert Search)时,可能会觉得编制检索式比较繁琐,也容易出错,可不妨考虑使用浏览索引(Browse Indexes),它可以帮助用户选择用于检索适宜的词语。

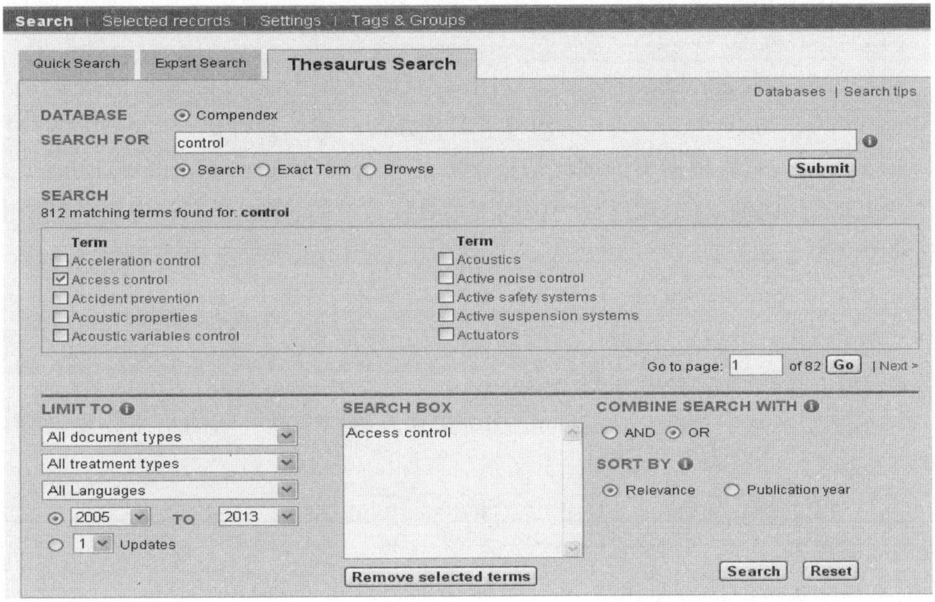

图 2.16

检索提示：

a. 检索表达式可由逻辑运算符、字段限制符、截词运算符、词根检索符等构成。例如：

computer wn TI and biological engineering wn AB

b. EI 数据库中的逻辑运算符有三个，分别是 AND(与)、OR(或)、NOT(非)。逻辑运算符大小写均可。逻辑运算符的运算优先级别相同，多个逻辑运算符同时出现时运算顺序为自左向右。逻辑运算顺序可以用括号来改变，当有括号时，系统首先算括号内的逻辑运算。当逻辑运算和字段限制运算同时存在时，先进行字段限制运算。例如：

"linear induction motor"wn KY

c. EI 数据库可采用的检索限定主要包括文献类型限定(Document Type)、处理类型限定(Treatment Type)、语言限定(Language)以及时间限定(Year & Updates)等。

d. 字段限制符使用格式：X wn Y，其中 X 为检索词，Y 为字段码，即字段名称缩写，一般为两个字母。字段限制符和字段码大小写均可。例如：

computer wn TI

e. 精确检索词组或短语需用引号或大括号标出。例如："solar energy"或{solar energy}。

f. 可使用截词运算符符号"＊"。例如："comput＊"可查到包含 computer、computers、computerize、computerization 等词的文献。

2. 美国《科学引文索引》

(1) 资源概况

《科学引文索引》(Science Citation Index,简称 SCI)是美国科学情报研究所(Institute Scientific Information,简称 ISI)创办的一种综合性的、功能强大的科技引文检索工具,它是根据美国现代情报学家加菲尔德(Engene Garfield)1953 年提出的引文思想而创立的,现已成为国际上最具权威性的、基础研究和应用基础研究成果评价的重要工具。ISI 建立了一系列引文索引数据库,包括 Science Citation Index(SCI)、Social Science Citation Index(SSCI)、Art & Humanities Citation Index(A&HCI)等数据库,其出版形式包括印刷版期刊和光盘版及联机数据库,现在还推出了互联网上 Web 版数据库。

《科学引文索引》通过文献之间的引证关系来说明文献之间的相关性及先前文献对当前文献的影响力,主要由"引文索引"(Citation Index)、"来源索引"(Source Index)、"轮排主题索引"(Permuterm Subject Index)等部分组成。它收录了全世界出版的数学、物理、化学、农业、林业、医学、生物、环境、材料、工程技术、行为科学等自然科学领域的核心期刊约 3500 余种,扩展版收录期刊 5800 余种。其中物理、化学和生物学方面的文献量较大。

1997 年,ISI 推出了其网络版的数据库 Web of Science,与 SCI 的光盘版相比,Web of Science 的信息资料更加翔实,其中的 Science Citation Index Expand 收录全球 5600 多种权威性科学与技术期刊,比 SCI 的光盘版增加 2100 种;Web of Science 充分利用了网络的便利性,功能更加强大。

Web of Knowledge 是一个基于 Web 而构建的新一代学术信息资源整合平台。它以 Web of Science(ISI 著名的三大引文索引 SCI、SSCI、A&HCI)为核心,通过强大的检索技术和基于内容的连接能力,实现知识的检索、提取、分析、评价、管理与发表等多项功能,从而帮助用户进行科学发现与创新。

Web of Science 由三个独立的数据库构成,它们既可以分库检索,也可以多库联检,需要跨库检索,可选择"CrossSearch",可以在同一平台同时检索多个数据库。

(2) Web of Knowledge 检索简介

① 一般检索

直接输入检索词,如"Climate change",选择检索范围,如图 2.17 所示。检索结果如图 2.18 所示。

② 作者检索

使用"作者检索"(Author)功能,可以简单方便地确认并检索出特定作者的所有作品,还可将同名的不同作者所著的作品区分开来。作者姓名的形式为:姓氏在先,名字首字母(最多四个字母)在后。如:Wilson SE,姓氏可以包含连字号、空格或撇号。如果著者名的首字母不能完全确定,可以在已知的首字母后用截词符号

"＊"截断(如 HOFFMAN E ＊),没有名的首字母也可只输入姓。

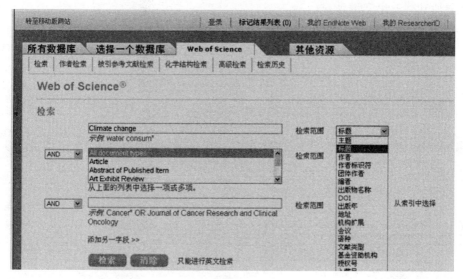

图 2.17

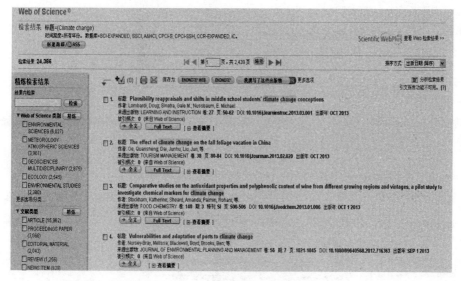

图 2.18

团体著者检索(Group Author)。团体著者是指具有论文著作权的机构或学会。直接输入一个或多个团体著者名称,可以检索出该团体著者拥有著作权的论文,也可以点击"group author index"链接,查找到需要的团体著者名称,选中后添加到团体著者检索框进行检索。

③ 来源期刊名检索

输入来源期刊名称的全部或部分(可用截词符)检索期刊标题、书籍名称等,也可以从出版物名称索引或期刊列表找到要添加到检索式的出版物名称或期刊名，检索所刊登的论文记录。

④ 高级检索

在文本检索框中输入较为复杂的检索提问式，检索式由一个或多个字段标识以及检索字符串组成，允许使用逻辑运算符和通配符，如图 2.19 所示。

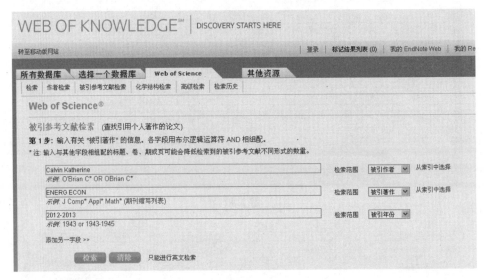

图 2.19

检索结果如图 2.20 所示。

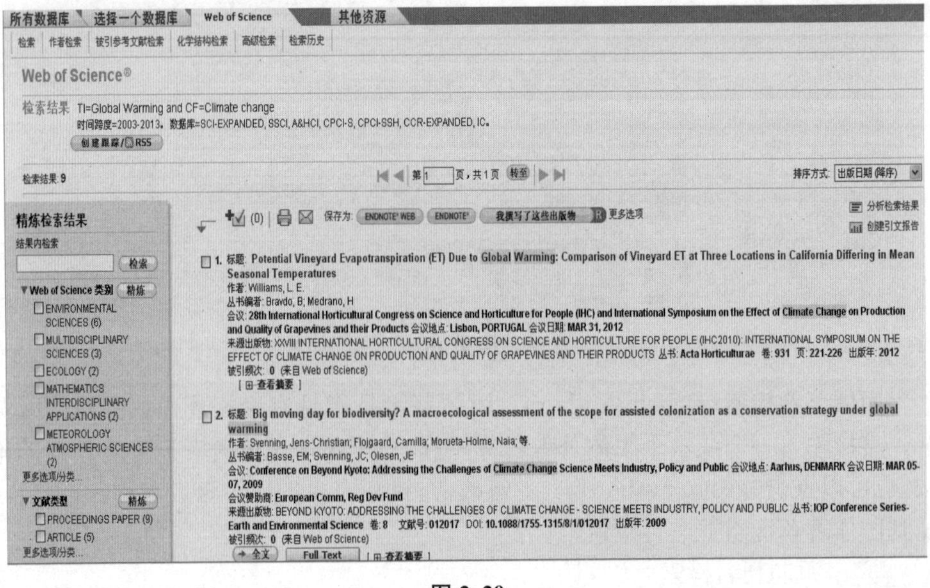

图 2.20

⑤ 引文检索

引文检索(Cited Reference Search)是通过来源文献后的参考文献检索论文被引用的情况,以此了解某个已知理念或创新获得确认、应用、改进、扩展或纠正的过程以及对其他研究人员的影响。

输入被引作者姓名以及"被引著作"的缩写标题,然后单击检索。如果检索到太多的结果,请返回"被引参考文献检索"页面,添加被引年份、被引卷、被引期或被引页码等检索条件进行精确检索。单击检索后,用户可在被引参考文献索引中看到包含所输入被引作者/著作/标题数据的被引参考文献,如图 2.21 所示。

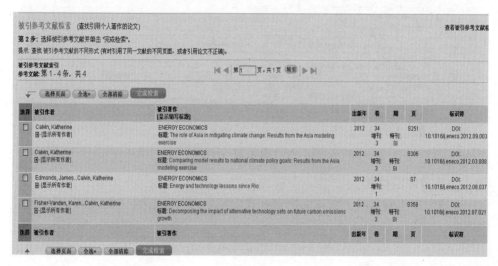

图 2.21

⑥ 化学结构式检索

化学结构式检索是为满足化学与药学研究人员的信息检索需求所设计的,数据库收录了全球核心化学期刊和发明专利的所有最新发现或改进的有机合成方法以及实验细节,提供化合物的化学结构和相关性质、包括制备与合成方法。如图 2.22 所示。

注:若要在 Web of Science 中绘制化学结构,必须安装使用 Accelrys JDraw 小程序,通过使用 Accelrys JDraw 小程序创建的化学结构式检索相匹配的化合物和反应,可通过在"化合物数据"和"反应数据"文本字段输入检索词检索与化合物和反应相关的数据,也可在不进行化学结构式检索的情况下检索化合物及反应数据。

(3) SCI 常用的检索技术

① 布尔逻辑检索

布尔逻辑检索可使用逻辑"和"(AND)、逻辑"或"(OR)、逻辑"非"(NOT)构建检索式。

② 位置检索

位置算符"SAME"规定其前后连接的两个词在检索记录中需出现在同一个句子中或同一个词组中。

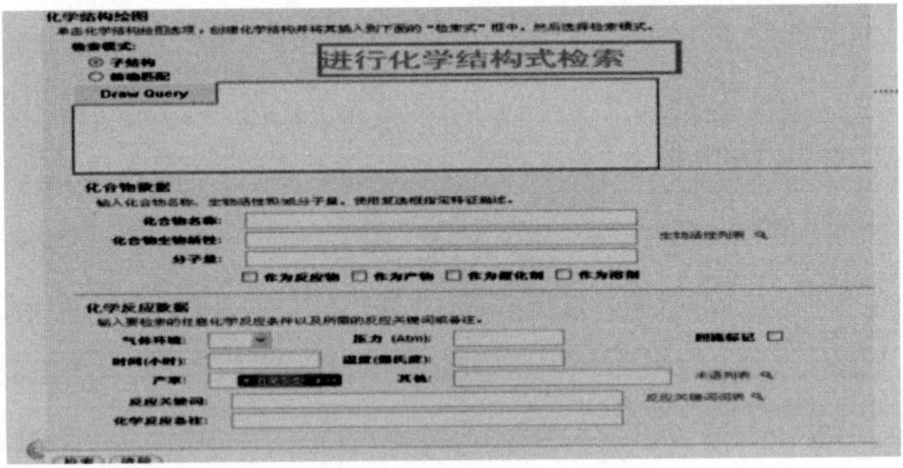

图 2.22

③ 字段限定检索

字段限定检索仅限于在高级检索方式中使用,其格式为:字段代码＝检索词,例如:

$$TI = computer\ system$$

(4) 检索结果处理

SCI 的检索结果根据需要可有多种处理方式,包括:显示浏览检索结果、分析检索结果、标记记录、创建引文报告、打印记录、保存记录等。

3. 美国《医学索引》数据库

(1) 资源概况

《医学索引》(Index Medicus, IM)创刊于 1879 年,由美国国立医学图书馆(NLM)编辑出版。NLM 的宗旨是搜集覆盖全世界多种语言的医学刊物,为世界各国读者服务。为了实现 IM 的自动化编辑,1964 年 NLM 开发了 MEDLARS (Medical Literature Analysis and Retrieval System)医学文献分析与检索系统,实现了文献加工、检索与编制的计算机化,1971 年正式建成并投入联机检索服务。MEDLINE 是 MEDLARS 系统 40 多个数据库中最大和使用频率最高的核心数据库,文献存储量占整个 MEDLARS 系统 50％以上,是检索国际医学文献的首选数据库。MEDLINE 共包含三种重要索引:《Index Medicus》(医学索引)、《Index to Dental Literature》(牙科文献索引)和《International Nursing Index》(国际护理学索引)。

《医学索引》数据库(PubMed)系统是由美国国立医学图馆(NLM)所属的美国

国立生物技术信息中心(National Center for Biotechnology Information,NCBI)开发的基于 Web 的数据库检索系统。IM-MEDLINE-PubMed 是 NLM 在不同时期和载体环境下推出的核心医学检索工具。PubMed 的内容涉及临床医学、基础医学及相关的各个领域,包括牙科学、护理学、曾医学、药理、毒理、公共卫生、营养、环境医学等,除了涵盖纸制的 4500 种期刊外,还收录了与生命科学相关的重要的科普读物和化学期刊,时间跨度从 1966 年至今,80%有文摘,有超过 2000 多万条来自 MEDLINE 生物医学文献引文文献、生命科学期刊和在线图书记录,部分引文提供来自 PubMed 中心及出版商网站的全文内容链接。

(2) PubMed 检索方法

PubMed 具有对检索词的自动转换和匹配检索功能。PubMed 按照一定的顺序将所输入的检索词分别与 MeSH(Medical Subject Headings 的缩写,是美国国立医学图书馆编写的医学主题词表)转换表、期刊转换表、短语表和作者索引中进行对照匹配。

在 Internet Explorer 地址栏内输入网址 http://www.ncbi.nlm.nih.gov/PubMed,进入 PubMed 检索系统。在 PubMed 主页的检索提问框中直接键入检索词,检索词应具体,不能太宽泛。

① 限定检索

可点击检索界面左上方的"Limits"对检索字段、文献出版类型、文献发表时间、文献的作者等进行进一步限定。在新升级的版本中,限定检索已经更新为在检索结果页面上实现,采用 filter(精炼)的形式。限定检索帮助用户对所检索课题或文献的客观范围进行限定,以缩小检索范围,提高文献的查准率。

② 高级检索

选择字段,输入检索词;选择布尔逻辑组配关系,添加到检索框中。不同的字段有不同的索引,可通过 Show Index 展开。

③ 主题词检索

进入主题词检索界面,输入检索词后,系统将显示该词的定义、树状结构,并进一步显示可组配的副主题词。若输入的词是一个非主题词,或意思上和某一主题词较相近,系统会自动将其转换为规范化主题词。

④ 精确检索

可通过使用" "实现精确检索。

(3) 检索提示

a. PubMed 检索结果中带有"Free Full Text Article"标志的记录,可直接获取很多与检索内容有关的信息,甚至获得原文。

b. PubMed 输入的检索词可以用布尔逻辑关系组配,最常用的三种布尔运算符是"AND、OR 和 NOT"。例如:

free radical and aging

检索词与关系词不区分大小写,默认布尔逻辑关系"或"。运算顺序为从左至右,可使用()来改变运算顺序。

c. 检索运行后的最终实际结果显示可在 Search Details 中查看。

此外,PubMed 还具有辅助检索功能,如 Preview/index(检索策略预览)、Index(索引字顺表)和 History(检索式回顾、编辑检索式)等。

PubMed 检索系统具有智能检索功能,不仅能准确拆分词,而且能对 MeSH 词转换的检索词同时进行主题词检索和自由词检索,因而有效地保证了文献的查全率和查准率。例如:

检索维生素 C(Vitamin C)对哮喘(Asthma)影响作用的文献,检索表达及结果如图 2.23 所示。

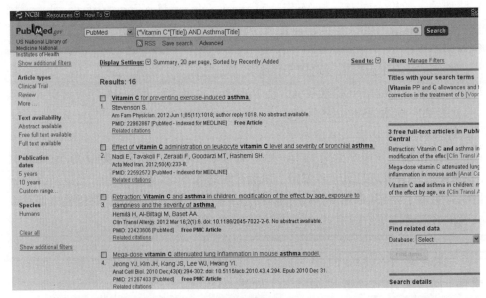

图 2.23

4. 美国《药学新闻索引》

《药学新闻索引》(Pharmaceutical News Index)由美国 CSA 公司编辑。收录 1975 年以后的药品、化妆品、医疗设备等方面资料,包括《Scrip》(世界药物新闻)的内容。主题范围:食品和药品管理撤消、卫生法规和政策制定、药品研究、药物及设备的批准、诉讼及法庭讨论、市场分析、生物技术改造、兽医药品、家畜疾病新闻、人事变动、企业财政信息、广告运动等,不含文摘,可通过 DIALOG 检索系统检索。

5. 英国《地质科学索引》

英国《地质科学索引》(GeoArchive)由英国地质信息系统编辑。提供地质科学方面的索引资料,包括能源、工程、地质学、地球数学、地球物理、矿物学、海洋学、古生物学等。不含文摘,收录年代从 1974 年至现在,主要通过 DIALOG 检索系统检索。

6. 英国《建筑索引》

英国《建筑索引》(Architecture Database)由英国皇家建筑学会和英国建筑学图书馆编辑。提供建筑学文献目录资料，内容涵盖建筑史、建筑设计、建筑物保护、地形学、城市史、城乡规划等，收录年代从1978年至现在，主要通过DIALOG检索系统检索。

第二节 文摘类数据库信息检索

一、概述

文摘是文献内容的简要、精确的表达，且无须补充解释或评论。中国国家标准《GB3793—83 检索期刊条目著录规则》中定义"文摘"是"对文献内容作实质性描述的文献条目"。具体地说，文摘是简明、确切地记述原文献重要内容的语义连贯的短文。文摘的主要作用有：通报最新科学文献；节省读者阅读时间；引导读者检索原文；可以帮助读者获取因语言障碍无法得到的文献信息。

由于文摘类以及索引型数据库的收录文献一般不涉及作者的著作权，数据库制作商及信息组织机构可依据自己的目的系统采集且又连续地收录文献，因而，文摘索引型数据库能反映某一段时间内某一学科、某一领域的研究进展及技术应用，体现了学术上的继承和发展的特点，可为读者开展学术研究提供重要帮助。

文摘类数据库在国外发展比较成熟，国内起步比较晚，结构比较简单，本节主要介绍一些外文文摘数据库资源。

二、外文文摘数据库

1. 英国《科学文摘》数据库

(1) 资源概况

英国《科学文摘》(INSPEC)是物理学、电子工程、电子学、计算机科学及信息技术领域的权威性文摘索引数据库，由英国电机工程师学会(IEE)编辑出版，主要收录自1898年以来全球80个国家出版的4000多种科技期刊、2000种以上会议论文集以及其他出版物的文摘信息，其中期刊约占73%，会议论文约占17%。每年新增近40万条文献记录。与INSPEC相对应的印刷本检索刊物是SA(Science Abstracts)，包括三个分辑：

A: Physical Abstracts
B: Electrical and Electronics Abstract
C: Computer and Control Abstracts

INSPEC 目前包含以下五个学科(检索界面默认为 All Disciplines,可通过下拉框分别选择以下各学科):

A: Physics
B: Electrical & Electronics Engineering
C: Computer & Control Engineering
D: Information Technology
E: Production & Manufacturing

(2) 检索方式

在 Web of Knowledge 平台上点击"选择一个数据库",在后续页面上选择"Inspec",即进入数据库检索页面。INSPEC 数据库提供两种检索途径:检索(Search)、高级检索(Advanced Search)。

① 检索

数据库系统提供三组检索词输入框,通过下拉菜单来限定检索词出现的字段,如主题、标题、作者、编者、出版物名称、出版年、地址、受控词索引、分类、数值数据等;通过"添加另一字段(Add Another Field)"增加检索词输入框。两组检索词之间可选择下拉式布尔逻辑算符"AND、OR、NOT"进行组配。

② 高级检索

允许使用布尔运算符和通配符。检索框下方提供文献类型(Document Types)、语种(Languages)等的限制。检索结果显示在页面底部的"检索历史"中。例如:

要检索作者 Johan H 发表的主题涉及"Applications of Computer"的论文,则可在检索框中输入检索式:AU=Johan H and TS=Applications of Computer 如图 2.24 所示。检索结果如图 2.25 所示。

(3) 检索结果的优化及处理

① 检索结果的浏览

检索结果可按出版日期、相关性、第一作者、来源出版物等进行浏览。

② 精炼检索结果

选中复选框可显示从"检索结果"页面的记录中摘录的项目的分级列表,最常出现的项目显示在列表顶部。括号中的数字表示包含该项目的"检索结果"页面的记录数量。选中一个或多个复选框,然后单击精炼,则仅显示包含所选项目的记录。

③ 结果内检索

要缩小检索结果范围,可在"结果内检索"文本框中输入主题(Topic)检索式,然后单击检索，此检索将只返回原始检索式中包含所输入主题词的记录。

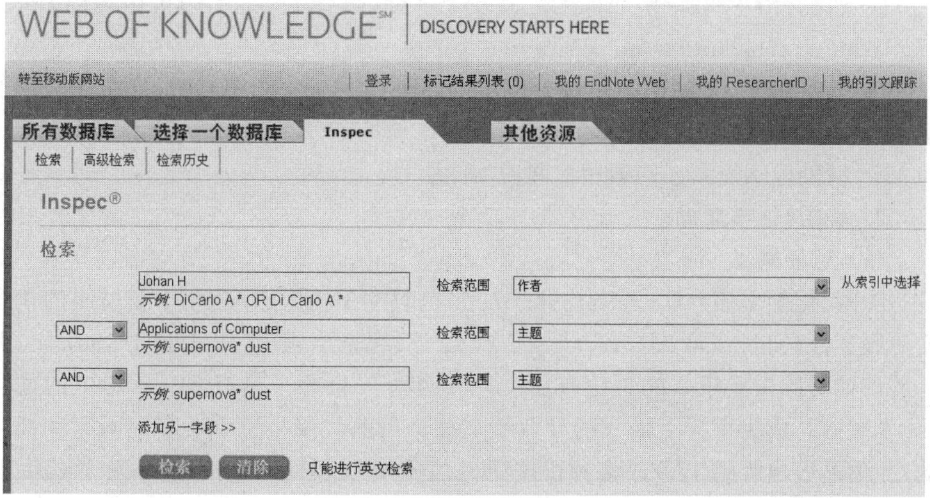

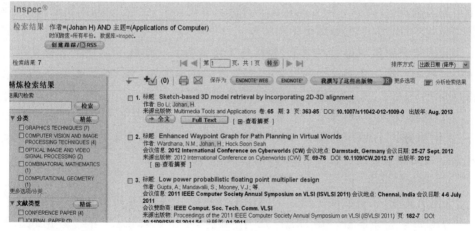

图 2.24

图 2.25

④ 分析检索结果

根据题录中的某些字段如作者、文献类型、语种、来源出版物、学科类别等生成一份相应的分析报告。

⑤ 检索结果标记与输出

可以将记录添加到标记结果列表中，以便今后从"标记结果列表"页面中打印、保存、通过电子邮件发送、订购或导出记录，还可以保存到 EndNote Web、EndNote、RefMan、ProCite 等参考文献管理软件形式中。

（4）检索提示

a. INSPEC 检索可使用布尔逻辑算符。通过"AND、OR、NOT"扩大或缩小检索范围。

b. 通配符"*"在词中或词尾代表多个字母,如 transplant*,可检索到 transplantation、transplanting 等。

c. 位置算符"SAME"表示两个检索词出现在同一个子字段中,词序任意。子字段可以是文献题名、摘要中的句子或者单个地址等。

d. 精确检索需要在检索短语两边加注引号。

2. 美国《化学文摘》

(1) 资源概述

美国《化学文摘》(Chemical Abstracts,简称 CA),由美国化学学会所属的化学文摘服务社(Chemical Abstract Service,CAS)编辑出版。CA 创刊于 1907 年,其总部设在美国俄亥俄州的哥伦布市。1969 年 CA 合并了具有 140 年历史的德国《化学文摘》,成为世界上最大的专业性文摘。目前收录报道 150 多个国家和地区的 56 种语言出版的 17 000 多种科技期刊、学位论文、科技报告、会议、新书以及 29 个国家和地区及两个国际专利组织发表的专利。收录报道的化学化工文献占全世界化学化工文献总量的 98%,其中 70% 的文献来自美国以外的国家和地区,每年报道的文献约 50 万条。内容覆盖化学、化工、生物化学、生物工程、生物遗传、农业和食品化工、医用化学、地球化学和材料科学等领域。CA 被公认为美国化学会成立 100 多年来对世界最大的贡献,是科技工作者查找化学化工及相关学科文献的重要信息源。在一个多世纪的发展中,CA 逐步成为世界上最全面、最完备的化学信息系统。目前,《化学文摘》主要有以下几种出版形式。

① 印刷版

《化学文摘》印刷版为周刊,每年出版 2 卷,每卷 26 期,全年共出 52 期,由文摘和索引两大部分组成。有期文摘、期索引本、卷索引本、累积索引本四种形式。

② 联机数据库

《化学文摘》联机数据库通过 DIALOG、ORBIT 和 STN 等著名国际联机检索系统提供联机检索服务。在 DIALOG 中的数据库是 CA SEARCH。数据起始于 1967 年,内容与印刷版《化学文摘》相对应。用户可以根据自己的需要,选择一个或多个文档(或数据库)进行检索。

③ 光盘数据库

《化学文摘》光盘数据库(CA 光盘)是在 CA 书本式检索工具的基础上发展起来的,收录的文献以化学化工为主,其报道的内容包括纯化学和应用化学各领域的科研成果和工艺,还涉及有关生物、医学、药学、食品、农药、材料科学、冶金、物理等领域。不收录化工经济、市场、产品目录、广告、新闻等信息。每年报道的文献量约 77 万篇,其中约 123 000 条专利,占世界化学化工文献总量的 98% 左右,文献类型包括期刊论文、专利、技术报告、学位论文、会议文献、图书等,涉及 50 多种语言。光盘数据库文献内容及索引信息按月更新。

④ 网络数据库

《化学文摘》网络数据库 SciFinder 是由化学文摘服务社(CAS)出版的化学资料电子数据库,是目前全世界最大、最全面的化学及相关学科信息数据库,涵盖的学科包括应用化学、化学工程、普通化学、物理学、生物学、生命科学、医学、材料学、地质学、食品科学和农学等诸多领域。利用 SciFinder 可检索多个数据库,查阅自 1907 年以来的所有期刊文献和专利摘要,以及 2000 多万条化学物质记录和 CAS 注册号。通过 SciFinder 可检索到的数据库主要包括:

a. Reference Database(参考资料数据库)

Caplus 包含来自 150 多个国家、9000 多种期刊的文献,覆盖 1907 年到现在的所有文献以及部分 1907 以前的文献,涵盖化学、生物化学、化学工程以及相关学科,还有一些尚未完全编目收录的最新文献。

MEDLINE 是美国国立医学图书馆(The National Library of Medicine,简称 NLM)建立的国际上最权威的生物医学文献数据库,包含来自 70 多个国家、3900 多种期刊的生物医学文献,覆盖从 1951 年到现在的所有文献以及尚未完全编目收录的最新文献。

b. Reaction Database(化学反应数据库)

CASREACT 提供 1907 年以来 CA 收录的有机化学期刊及专利中单步或多步有机化学反应资料,包括反应物、产物、溶剂、催化剂、反应条件、产率等信息。

c. Structure Database(结构数据库)

REGISTRY 涵盖从 1957 年到现在的特定的化学物质,包括有机化合物、生物序列、配位化合物、聚合物、合金、片状无机物。REGISTRY 包括了在 CASM 中引用的物质以及特定的注册。

d. Commercial Sources Database(商业来源数据库)

CHEMCATS 化学品的来源信息,包括化学品目录手册以及供应商的地址、价格等信息。

e. Regulatory Database(管制数据库)

CHEMLIST 收录 1979 年到现在的管制化学品的信息,包括物质的特征、来源以及许可信息等。

(2)《化学文摘》光盘数据库检索

由美国化学学会制作的《化学文摘》光盘版数据库(CA on CD)与当年出版的《化学文摘》印刷版相对应。该数据库包括题录数据库和来自印刷版的索引,每月更新,每年新增 50 万条记录。其检索方式包括以下几种:

① 简单检索

用户可从 Index 下拉式菜单中选择要浏览的检索入口索引(如 Word、Author、Formula),窗口中"Index"字段的缺省值为"Word",在索引中可直接选取 1~20 个词条,在"Find"对话框输入检索术语的前缀,目的是快速定位,点击"Search"钮或按"Enter"键,开始检索。如图 2.26 所示。

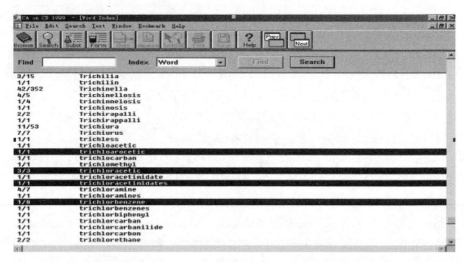

图 2.26

可采用布尔逻辑组配方式将检索词、词组、数据、专利号等限定条件结合起来进行检索,以提高检索准确程度。

② 高级检索

在工具条中直接选择 Search 图标或从菜单条中选择 Search Word 选项进入高级检索。高级检索方式为用户提供多种检索入口,在 Word 检索入口最多输入 25 个检索词,不包括布尔逻辑运算符,并且输入相应检索项及检索项之间的布尔逻辑运算符(AND,OR,NOT),点击 Search 进行检索即可,如图 2.27 所示。

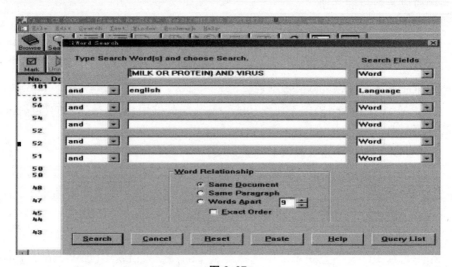

图 2.27

③ 可采用的检索规则

布尔逻辑运算符，AND(与运算符)、OR(或运算符)、NOT(非运算符)。
Same Document：表示关键词在同一记录中出现。
Same Paragraph：检索词可以任何词序出现在同个段落中或同个索引条目中。
Word Apart：检索词之间,最大词间距为 9。
Exact Order：表示精确检索。

例如：检索有关分子生物学的文献,直接输入词组 molecular biology 即可。
统配符"?"确切代表 1 个字符,? 统配符除不能在词首位使用外,可以在任何位置使用。* 代表多个字符,包括 0 个字符。

例如：smok * 将检索出 smoke, smoky, smoker, smokes, smoking, smokeless 等有关的文献。

④ 化学物质等级排列及分子式等级排列索引表的使用

a. 化学物质名称等级索引表的使用　由于印刷版 CA 时间跨度较长,在化合物的命名方面出现了前后不一致的情况,给检索带来一些困难。而 CA on CD 则克服了这个缺点,在历卷累积索引中的化学物质名称保持了统一。化学物质名称等级索引表是将化学物质的母体名称、各种副标题及取代基按照等级结构组织起来,使用等级控制符(＋、－或 Expand、Collapse 按键)提供用户浏览,在最后一个等级处(如图 2.28 所示),点击 Document 按钮或双击查看其对应的文摘记录。例如,查找 4－(acetylamino)benzoic acid。

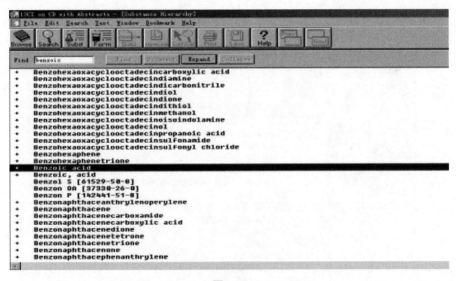

图 2.28

首先,在 Search 菜单条中选择 Substance Hierarchy 项,点击所需条目"benzoic acid",再点击 Expand 按钮或在选中词条处双击。系统即进入化学物质分级名称检索窗口,屏幕显示物质第一层次名即母体化合物名称索引正文。无下层等级名的化合物条目中直接给出 CA 登录号;有下层名称的物质前则出现"+"符号。双击选中索引,将分级索引表一层层打开,再双击该物质条目即可进行检索。检索完毕后,屏幕给出其相关文献检索结果。

b. 分子式等级索引表的使用　分子式的等级索引表是将 CA 编制的分子式与其分子式结构相似的化学物质名称组成的条目按等级进行显示,使用+或-符号浏览分子式及其化学物质名称,在最后一级处点击 Document 按键或双击,即可检索到与等级条目有关的文献。

例如:查找苯甲酸 Benzoic acid 的相关文献,使用分子式 $C_7H_6O_2$。

首先,在 Search 菜单中选择 Formula Hierachy 项,输入分子式 $C_7H_6O_2$,在所显示条目中点击所需的条目,系统将显示化学物质等级索引表;其他步骤与化学物质名称等级索引表的使用步骤相似,最后将显示与该化学物质相关文献。

(3)《化学文摘》网络数据库检索

《化学文摘》网络版 SciFinder 不仅仅是扩展的 CA 网络版,还是包括 CA 在内的、内容更加丰富的数据库,其特点是收录范围广、信息量大;编辑出版速度快、报道时差短;索引体系完善、检索途径多。主要的检索方式有:

① 核心期刊浏览

浏览列表,选中感兴趣的期刊,查看需要的论文(系统默认为该期刊最新一期的目录),如图 2.29 所示。

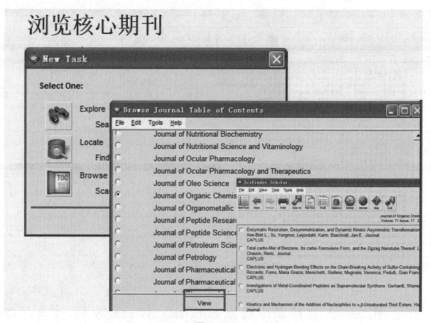

图 2.29

② 主题检索

主题检索(Research Topic)是以主题词作为检索词,其检索界面如图 2.30 所示。如查找有关纳米结构材料方面的文献,输入检索词:nano structure with material。

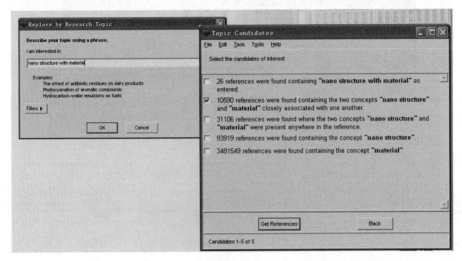

图 2.30

③ 作者检索

作者检索(Author Name)是以作者名作为检索词,检索界面如图 2.31 所示。

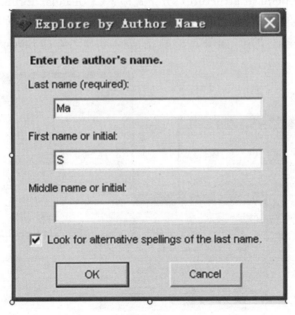

图 2.31

注:作者检索姓一定要写全,名只写首字母。

④ 机构检索

机构检索(Company Name Hierarchy)是以公司名称作为检索词,如图 2.32 所示。

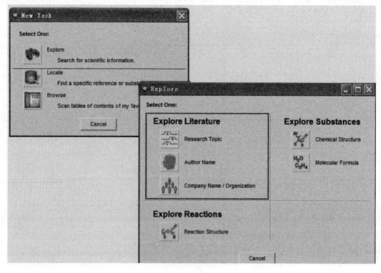

图 2.32

⑤ 物质检索

SciFinder 物质检索有几种方式可选,如物质标识符检索(Substance identifier)、结构检索(Chemical structure)、分子式检索(Molecular formula)等。

a. 通过物质标识符去查找化学物质。物质标识符包括化学名称(常用名、商品名等)、CAS 登记号等。如图 2.33 所示,输入物质名称如 Benzene。

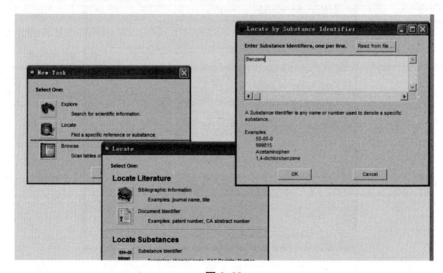

图 2.33

b. 通过结构式或分子式查找化学物质,如图 2.34、图 2.35、图 2.36 所示。

分子式检索以及反应检索等更详细的信息检索方法可查阅相关资料或美国化学会网站 SciFinder 使用介绍（http://www.cas.org/products/scifinder/），这里限于篇幅不再细述。

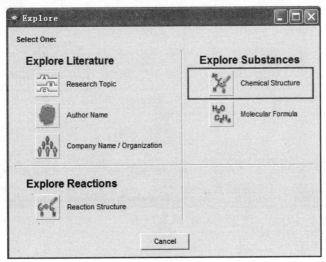

图 2.34

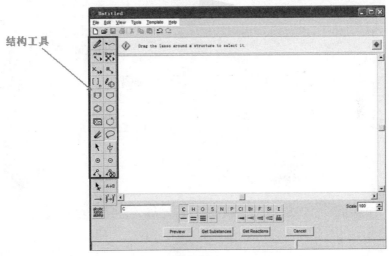

图 2.35

3. 美国《剑桥科学文摘》

（1）资源概述

《剑桥科学文摘》(Cambridge Scientific Abstracts，简称 CSA)数据库是由美国 CSA 信息公司出版。剑桥科学文摘数据库包括理工专业常用的三个数据库：金属文摘数据库(Material Sceince with METADEX)、航空航天与高技术数据库(Aerospace & High Tech Databases)、美国政府报告数据库(NTIS)。

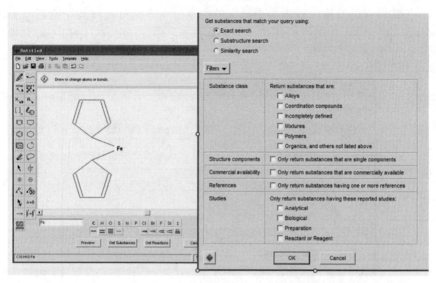

图 2.36

(2) 检索方式

① 快速检索

首先对列出的数据库做出选择,然后进行以下操作,如图 2.37 所示。

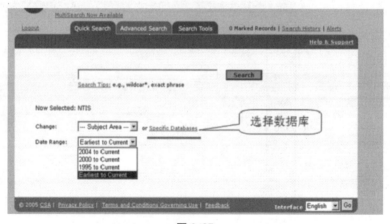

图 2.37

a. 直接输入单个或多个检索词;

b. 指定检索字段,包括关键词、题名、作者、期刊名、任何位置(在一个记录的所有字段中检索);

c. 选择出版时间范围;

d. 进行检索。

② 高级检索

高级检索包括菜单式检索和命令式检索。

a. 菜单式检索,在多重检索字段中输入检索词,再配合下拉式菜单的检索设定,构建检索策略,如图 2.38 所示。

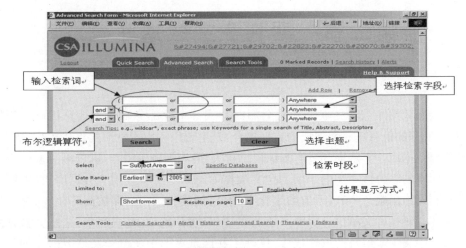

图 2.38

b. 命令式检索,点击"Search Tools",选择命令检索(Command Search)。利用字段代码将完整的检索式输入至命令列字段,如图 2.39 所示。

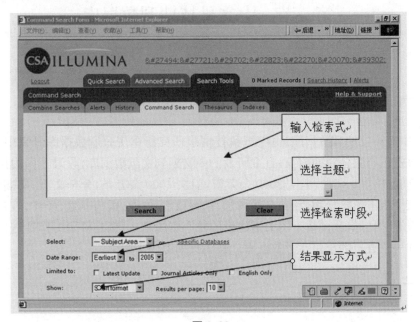

图 2.39

(3) 检索结果处理

检索结果将列出不同书目类型的结果,可快速浏览,也可对选中文献做标记,还可储存、打印或电邮处理。

第三章 期刊全文数据库检索

全文数据库是将文献全文的全部内容或其主要部分转化为计算机可以识别的、可处理的信息单元而形成的数据集合,是主要以一次文献形式直接提供文献信息的源数据库。学术期刊具有知识信息量大、内容新颖等特点,国内颇具影响力和高利用率的综合性中文电子期刊全文数据库,如《中文科技期刊数据库》、《中国学术期刊网络出版总库》、《万方数字化期刊》已经成为国内大多数高等院校、公共图书馆和科研机构文献信息保障系统的重要组成部分。在互联网中,这三大数据库也成为中文学术信息的重要代表,体现了我国现有的中文电子文献数据库的建设水平。

第一节 中文科技期刊数据库

一、资源概述

《中文科技期刊数据库》由中国科技情报研究所重庆分所数据库研究中心(重庆维普资讯有限公司的前身)自主研发的中文期刊文献数据库,收录了国内出版的中文期刊 12 000 余种,全文 3000 余万篇,引文 4000 余万条,分全文版、文摘版、引文版三个版本形式出版,涵盖自然科学、工程技术、农业、医药卫生、经济、教育和图书情报等学科,是我国数字图书馆建设的核心资源之一,也是科研工作者进行科技查证和科技查新的重要参考数据库。其主页如图 3.1 所示。

二、检索方式

1. 基本检索
用户直接在搜索框中输入检索词并点击搜索,操作简单实用。

2. 传统检索
提供十余种检索入口,包括题名或关键词、刊名、作者、第一作者、机构、文摘、分类号等，用户可根据自己的信息需求选择检索入口、输入检索式进行检索，同时还可进行学科类别和数据年限的选择。

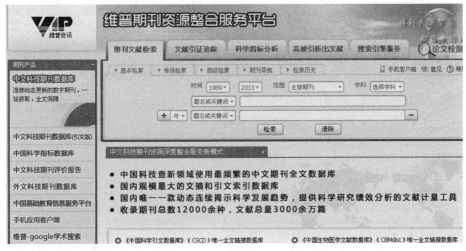

图 3.1

3. 高级检索

为读者提供分栏式检索词输入方法，通过逻辑运算，进行检索项的组配，进行相应字段信息的限定，最大程度提高了检准率，如图 3.2 所示。

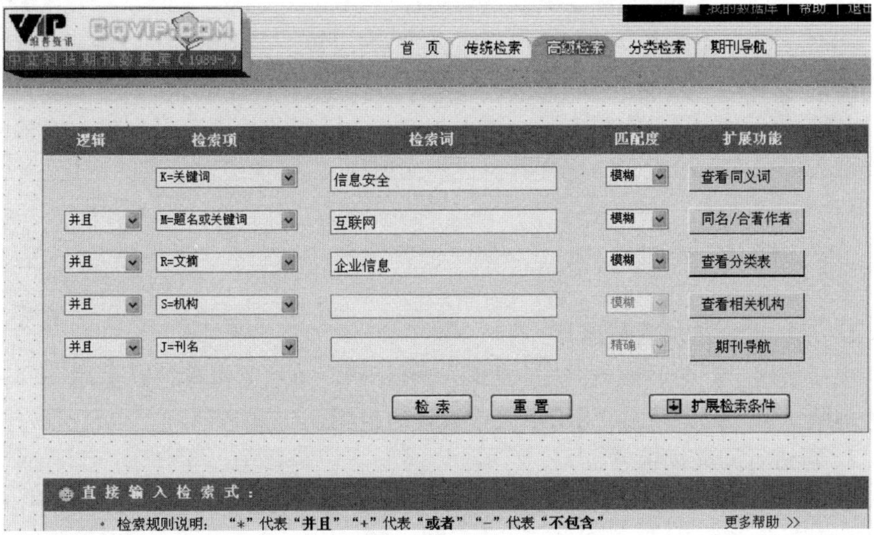

图 3.2

检索结果如图 3.3 所示。

4. 分类检索及刊名导航

《中文科技期刊全文数据库》提供了学科分类导航和刊名导航系统。学科分类导航是树形结构,按照《中国图书馆分类法》的标准,对所收录期刊论文逐层进行分类限定。若用户选中某学科类目后,任何检索都局限于此类目以下的数据。例如:选择根目录下的"自然科学"一级类,展开后再选"数理科学"二级类,那么检索范围就局限于"数理科学"类目的信息,直接点击最底层类目,就可以在概览区域中显示出该类目下的全部论文记录。

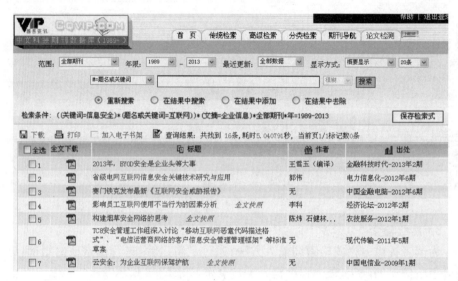

图 3.3

刊名导航将所有收录期刊按照学科分类,列出每个类别的期刊名目录,以便用户直接查找某一种期刊历年的论文。

此外,还可利用"二次检索",在查出的第一次结果的基础上再次输入检索词并选择字段进行限定检索。二次检索可以多次使用,以实现检索结果的优化。

三、检索提示

1. 系统支持布尔逻辑运算

包括使用"与"(＊)、"或"(＋)、"非"(－)算符。布尔逻辑算符既可用于同一字段的不同检索词之间,也可用于不同检索式的组配。

2. 可进行同义词检索

选中"同义词"选项,执行检索后,如果同义词表中有该检索词的同义词,系统就会显示出同义的关键词,以扩大检索的范围。例如:检索式中输入"电脑",选中"同义词",检索后会提示是否也将它的同义词"电子计算机"和"微电脑"等关键词选中作为检索条件,从而提高检索的查全率。

3. 同名作者检索

选中"同名作者"选项,输入作者姓名,系统会在简要结果区显示不同机构的同姓名作者索引,用户可选择想要的单位,点击"确定"即可检出该单位的该姓名作者的文章,这样可将检索结果的范围缩小到具体单位的作者。

4. 模糊和精确检索

在"检索式"输入框的右侧提供了"模糊"和"精确"检索方式的可选项,以便用户根据实际需要进行选择检索。

四、检索结果处理

检索结果显示有两种格式,即简单记录格式和详细记录格式。《中文科技期刊数据库》在详细记录格式中会出现全文链接,点击文章题名,可直接链接到全文,如图3.4所示。

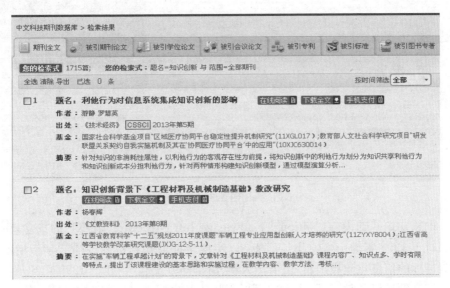

图 3.4

第二节 中国学术期刊网络出版总库

一、资源概述

《中国学术期刊网络出版总库》(China Academic Journal Network Publishing Database,简称CAJD)是目前世界上最大的、连续动态更新的中国学术期刊全文数据库,是中国知网(CNKI,如图3.5所示)的核心资源之一,截至2013年3月,收录国内期刊8000余种,全文文献总量3690多万篇。产品分为基础科学、工程科技Ⅰ、工程科技Ⅱ、农业科技、医药卫生科技、哲学与人文科学、社会科学Ⅰ、社会科学Ⅱ、信息科技、经济与管理科学十大专辑,十大专辑下分为168个专题,内容涵盖自然科学、工程技术、农业、哲学、医学、人文社会科学等各个领域,国家"知识资源数据库"出版工程的重要组成部分。文献收录年代自1915年至今,部分期刊回溯至创刊时。

图3.5

国家知识基础设施(National Knowledge Infrastructure,CNKI)的概念,由世界银行于1998年提出。CNKI工程是以实现全社会知识资源传播共享与增值利用为目标的信息化建设项目,由清华大学、清华同方发起,始建于1999年6月。在党和国家领导以及教育部、中宣部、科技部、新闻出版总署、国家版权局、国家计委的大力支持下,在全国学术界、教育界、出版界、图书情报界等社会各界的密切配合和清华大学的直接领导下,CNKI工程集团经过多年努力,采用自主开发并具有国际领先水平的数字图书馆技术,建成了世界上全文信息量规模最大的CNKI数字图书馆,并正式启动建设《中国知识资源总库》及CNKI网络资源共享平台,通过产业化运作,为全社会知识资源高效共享提供最丰富的知识信息资源和最有效的知识传播与数字化学习平台。

二、检索方式

1. 快速检索

快速检索是一种简单检索,直接输入检索词即可,如图3.6所示。

第三章　期刊全文数据库检索

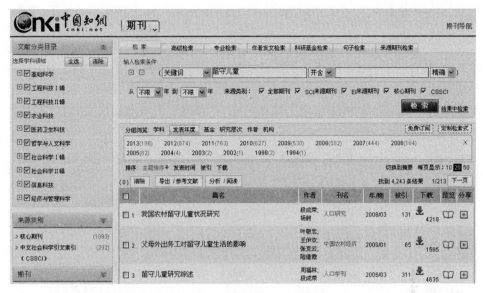

图 3.6

2. 高级检索

高级检索通过三个步骤检索文献：首先输入检索范围控制条件，如发表时间、支持基金等；再输入目标文献内容特征信息，如篇名、主题等；最后对检索结果进行分组排序，筛选得到所需要的文献，如图 3.7 所示。

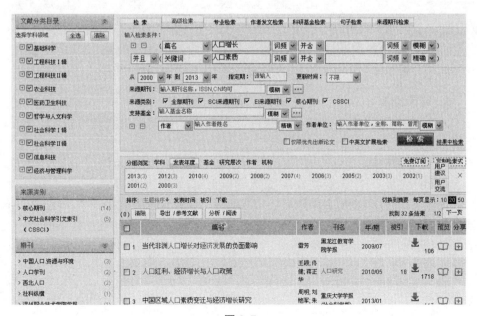

图 3.7

3. 专业检索

专业检索使用逻辑运算符和关键词构造检索式进行检索，一般用于图书情报专业人员查询信息或进行信息分析等工作时，使用数据库的检索项，采用系统所提供的检索语法，将各种检索条件构造成检索表达式，并将其直接输入到检索框中进行检索的方法。如输入：KY＝人口素质 and TI＝人口增长 and FT＝经济发展，可检索到关键词包括"人口素质"、题名包括"人口增长"，并且全文中包括"经济发展"的信息，如图3.8所示。

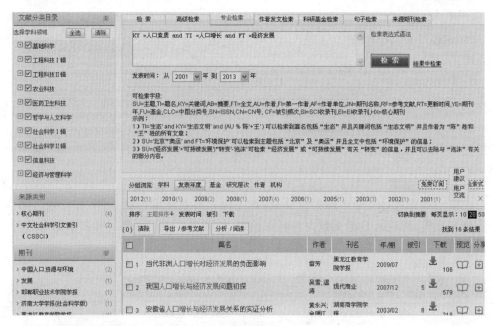

图 3.8

4. 跨库检索

点击知网主页"跨库检索"按钮，可实现在多个数据库中同时检索，如图3.9所示。

5. 出版物检索

在知网主页点击"出版物检索"进入导航页面，如图3.10所示。

进入导航首页，左侧文献分类目录帮助用户快速定位导航的分类；导航首页有推送的栏目，是当前热门的期刊论文等文献；下面是一些热门的特色导航的推荐文献，包括期刊、会议文献、年鉴、报纸、工具书等。

三、检索结果处理

检索的结果可以在线浏览、下载，还可以进行二次检索等。

下载：单击检索结果记录前面的保存图标或点一篇文章的篇名，点击"CAJ下载"和"PDF 原文下载",系统提示"是否在当前位置打开或者保存到磁盘",如果选择在当前位置打开且本机安装有全文浏览器,则直接在当前位置打开原文;如果选择了保存到磁盘,则将原文数据下载到本地硬盘。

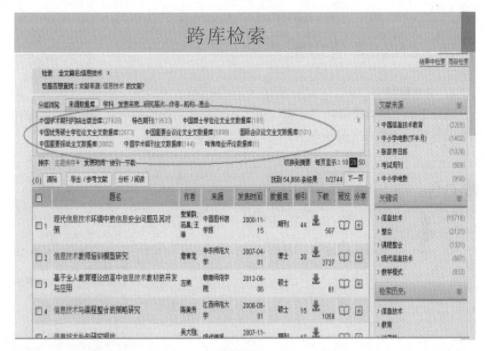

图 3.9

图 3.10

打印:单击浏览器工具栏中的打印机图标即可。

编辑:利用全文浏览器菜单中的工具图标,选择所需要的文字、图片进行复制、粘贴或发送到指定的 WORD 文档中进行编辑。

引文分析：可对检索结果进行主题词频统计及引文分析。

注：第一次使用 CNKI 数据库的用户，在浏览全文时需要下载和安装全文浏览器才能够看到全文。CNKI 数据库提供两种格式的全文下载方式：CAJ 格式和 PDF 格式。

四、CNKI 其他功能

1. 学术趋势

CNKI 学术趋势是依托于 CNKI 中国知识资源总库中的海量文献和用户的使用情况提供的学术趋势分析服务。如图 3.11 所示。

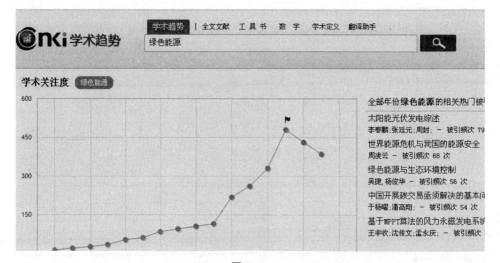

图 3.11

通过关键词在过去一段时间里的"学术关注指数"，了解用户所在的研究领域随着时间的变化被学术界所关注的情况；通过关键词在过去一段时间内的"用户关注指数"，了解在相关领域不同时间段内哪些重要文献被最多的同行所研读。

学术关注度是以 CNKI 知识资源总库中与关键词最相关的文献数量为基础，统计关键词作为文献主题出现的次数，形成的学术界对某一学术领域关注度的量化表示。其中：

学术关注度：包含此关键词的文献发文量趋势统计。

媒体关注度：包含此关键词的报纸发文量趋势统计。

学术传播度：包含此关键词的文献被引量趋势统计。

用户关注度：包含此关键词的文献下载量趋势统计。

2. 学术图片搜索

CNKI 学术图片知识库收录图片超过 2600 多万，旨在为用户提供学术图片的检索和相似性图片检索，如图 3.12 所示。

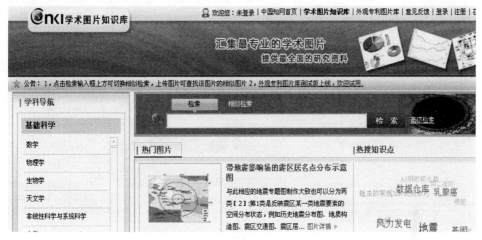

图 3.12

3. CNKI 学术成果库

CNKI 学术成果库是为学者提供了管理自己的学术成果、自动推送新成果、科学评价学术影响力和构建学术社区的服务，是学者展示学术成果、扩大学术影响力的有效途径，如图 3.13 所示。

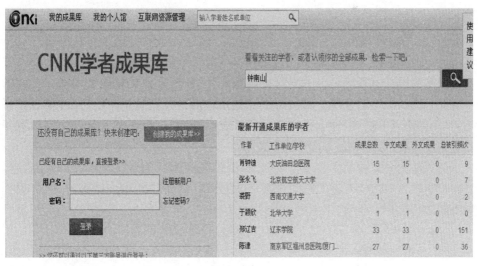

图 3.13

4. 分享模式

分享模式如图 3.14 所示。

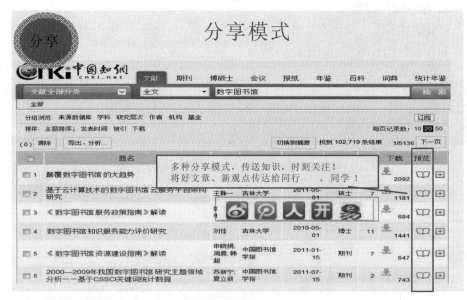

图 3.14

第三节　万方数字化期刊

一、资源概述

万方数据资源系统是由中国科技信息研究所、万方数据集团公司联合开发的网上数据库联机检索系统。目前该系统主要包括科技信息子系统、商务信息子系统、数字化期刊子系统、学位论文全文子系统、学术会议全文子系统和中国专利子系统等多个类型数据库。

期刊论文全文数据库收录自 1998 年以来国内出版的各类期刊 7000 余种，其中核心期刊 2800 余种，论文总数量近 2000 万篇，每年约新增 200 多万篇，每周更新两次，如图 3.15 所示。

二、检索方式

1. 快速检索

直接输入检索词，如"信息技术"进行检索，如图 3.16 所示。

第三章　期刊全文数据库检索　　　　　　　　　　　　　　　65

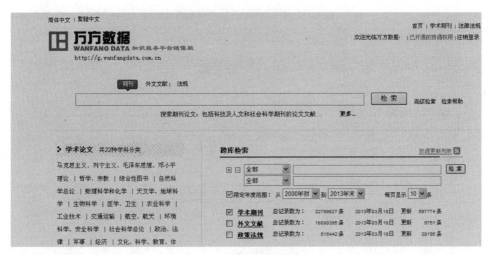

图 3.15

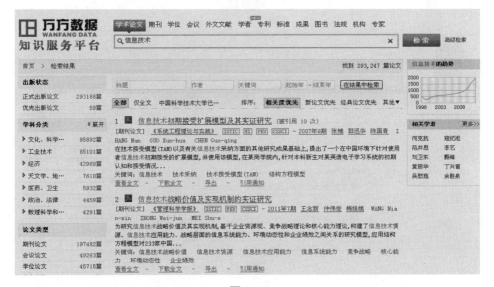

图 3.16

2. 高级检索

高级检索如图 3.17 所示。

3. 期刊分类浏览

期刊分类浏览可以分别按学科，按地区，按字母顺序进行浏览期刊，如图 3.18 所示。

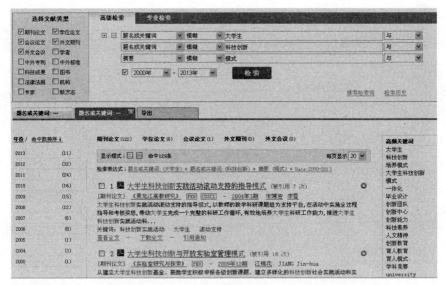

图 3.17

图 3.18

第四节 Elsevier Science(SDOS)期刊全文数据库

一、资源概况

SDOS(Science Direct Onsite)是世界著名出版商荷兰 Elsevier Science 出版集

团出版的电子期刊,收录了1000余种 Elsevier Science 公司出版的学术期刊,其中的大部分期刊是被 SCI、EI 等国际公认的权威大型检索数据库收录的各个学科的核心学术期刊,内容涉及数学、物理学、生命科学、化学、计算机科学、临床医学、环境科学、材料科学、航空航天、工程与能源技术、地理科学、天文学及经济、商业管理、社会科学等学科领域。

二、SDOS 检索方式

SDOS 的检索方式主要有三种,即浏览、快速检索和高级检索。具体如下:
1. 浏览
SDOS 可以进行题名字顺与学科主题浏览,如图 3.19 所示。

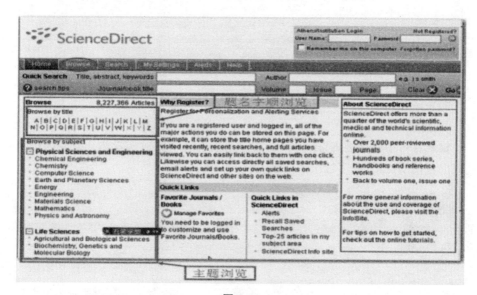

图 3.19

按题名字顺浏览:用户可以点击 Browse A~Z,按刊名逐卷逐期地浏览期刊论文。

按学科主题浏览:将期刊按 25 个学科主题分类,再按刊名字母顺序排列。用户可通过"Browse by subject"按类按刊逐卷逐期地浏览期刊论文。

按刊名或学科类目浏览的同时,也可以按单刊或单个学科类目检索。
2. 快速检索
直接在检索词输入框中输入关键词,如 behavioral science AND teenagers 进行检索,可以选择逻辑算符 AND、OR、NOT 连接,也可以输入作者、任意词进行检索,如图 3.20 所示。

图 3.20

3. 高级检索

检索者可在检索输入框(Terms)中直接输入复杂的检索表达式。高级检索表达式中可使用检索词、字段限定、逻辑算符等,如图 3.21 所示。

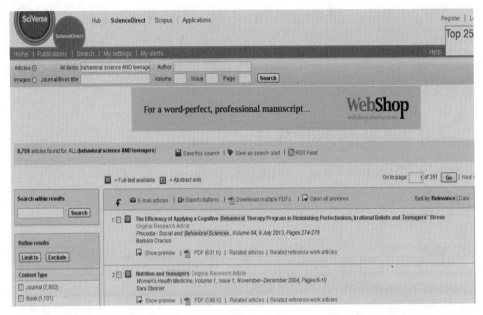

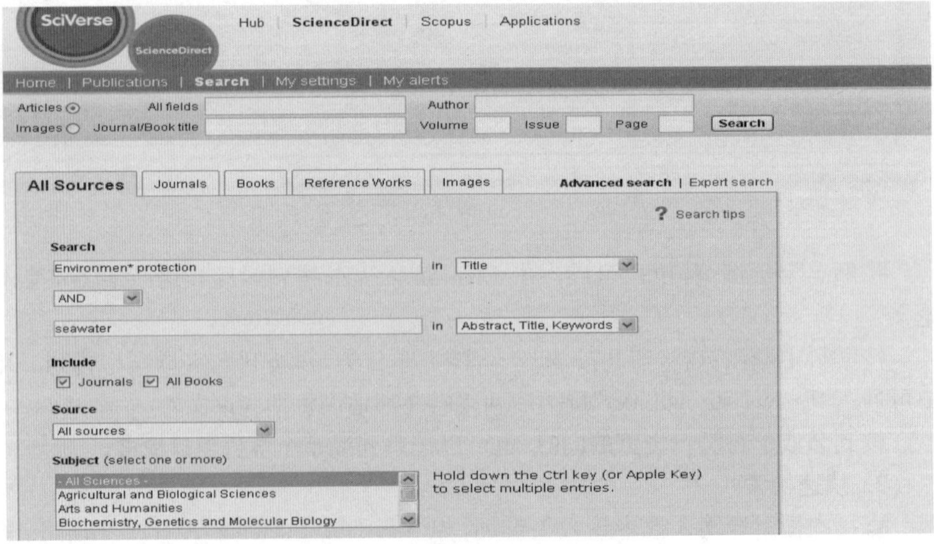

图 3.21

检索结果,如图 3.22 所示。

图 3.22

三、检索提示

1. 逻辑检索

SDOS 在同一检索字段中,可以使用逻辑算符来确定检索词之间的选择关系。如果没有逻辑算符和引号,系统默认各检索词之间的逻辑关系为 AND,但布尔逻辑算符 AND(与)、OR(或)、NOT(非)均须大写。

2. 通配符

通配符"*",用在词尾,表示检索相同词根和所有词尾变化的词;用在词当中,代替任意变化的字符,但不能用在词的前方。

3. 位置算符

W/ nn 表示检索词之间允许插入 nn 个其他词,前后词序可变。

如检索的词在同一词组中可使用 W/3,W/4 等;在同一段中可使用 W/50。

W/SEG 两词用 W/SEG 连接,表示两词应出现在同一字段中。

4. 双引号

双引号" "表示短语检索,用以查找与双引号内的检索词完全匹配的文献,前后词顺序不变。

四、检索结果处理

检索后,首先显示的默认题录列表,包括篇名、刊名、卷期、日期、作者以及全文链接点等。Elsevier 电子期刊的全文采用两种格式:"Full Text+Links"和"PDF"格式,其中"Full Text+Links"格式提供的是 HTML 格式的全文,它包括文献的图表和参考文献。其参考文献中的文献,如果 SDOS 有收录,则可直接获取到它的全文。

第五节　EBSCOhost 期刊全文数据库

一、资源概述

EBSCOhost 是一个具有 60 多年历史的大型文献服务专业公司,总部设在美国的伯明翰。该公司在提供传统期刊订购服务的同时,还提供 100 多种各类数据库的在线服务。这些数据库包括 8000 多种著名期刊的摘要和 6000 余种期刊的全文,其中 1000 余种期刊还可提供图片信息,内容涉及商业、管理、财经、医学、教育学、军事、农业、人文等各个方面。尤其 ASP 和 BSP 两个全文数据库最为常用。

1. 学术期刊全文数据库

学术期刊全文数据库(Academic Search Premier,简称 ASP),收录超过 8000 多种出版物,其中包括 3600 多种同行评审期刊,内容涉及语言、文学、哲学、历史、社会学、政治、经济金融与管理、法律、教育、新闻、生命科学、医学、数学、物理、化学、技术科学、信息科学、环境科学等学科门类,几乎涵盖自然科学和社会科学各个领域,此数据库通过 EBSCOhost 每日进行更新。

2. 商业资源全文数据库

商业资源全文数据库(Business Source Premier,简称 BSP),收录超过 9600 余种学术性出版物的索引、文摘(大多数期刊可追溯至 1965 年或创刊时)和 8000 多种出版物全文,涉及的主题范围包括国际商务、经济学、经济管理、金融、会计、劳动人事、银行等。数据库还提供图像检索功能,每日进行数据更新。

上述数据库可为用户提供文献获取一体化服务,检索结果为文献的目录、文摘、全文(PDF 格式),其主页如图 3.23 所示。

二、检索方式

1. 关键词检索

关键词检索可通过两种检索界面来进行,一种是基本检索界面,另一种是高级检索界面。

第三章　期刊全文数据库检索

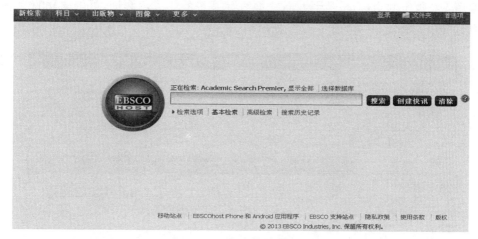

图 3.23

(1) 基本检索

用户在文本框中直接输入关键词，也可以输入词组。关键词或词组之间可根据需要加入布尔逻辑关系算符，如图 3.24 所示。

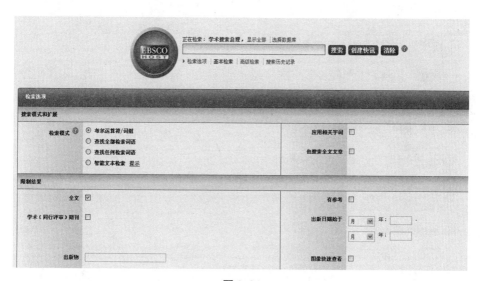

图 3.24

(2) 高级检索

高级检索提供三个检索文本输入框，每个文本输入框后面对应一个字段下拉列表框。用户在检索框中输入关键词，根据需要选择检索字段，框与框之间可以使用逻辑算符进行组配，如图 3.25 所示。

2. 主题检索

利用规范化主题词检索，相关性好，检索效率高，但主题词不是任意自定，而是要用系统规定的主题词。因此,首先要查找系统的相关主题词,可供选择的主题有:主题、人物、地点等,如图 3.26 所示。

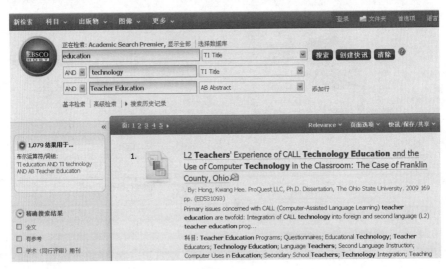

图 3.25

图 3.26

3. 出版物检索

对出版物名称进行检索,通过这种检索可以了解该数据库收录的期刊名称、刊

第三章 期刊全文数据库检索

号、出版周期、出版者、刊物报道范围等相关信息，如图 3.27 所示。

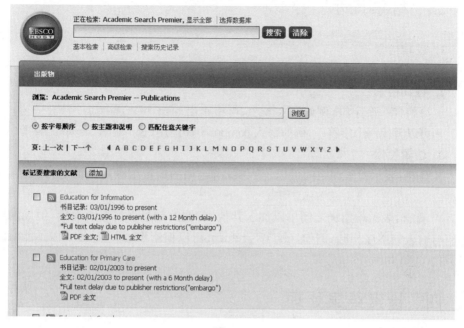

图 3.27

4. 图像检索

输入检索词，检索词之间可用逻辑算符组配。可利用页面下方的选项确定要检索的图像的类型，提供的选项有：人物图像、自然科学图像、某一地点的图像、历史图像、地图或国旗，如果不做选择，则在全部图像库中检索，如图 3.28 所示。

图 3.28

三、检索提示

1. 逻辑检索

该系统使用的逻辑算符有：and,or,not。

2. 截词检索

? 只替代一个字符，例如输入 ne?t，可检索出 neat,nest,next。

* 可以替代一个字符串，例如输入 comput*，可检出 computer,computing 等。

3. 位置检索

N 算符：表示检索词之间可以加入其他词，词的数量根据需要而定，词的顺序任意。

W 算符：表示检索词之间可以加入其他词，词的数量根据需要而定，但词的顺序应与输入的顺序相同，例如，tax W5 reform 可以检索出 tax reform，但不能检索出 reform of income tax。

四、检索结果处理

1. 显示文献

检索命中的文献，系统首先以题录方式显示。直接点击某一篇文献后，可以看到文摘或全文。该系统提供 HTML 和 PDF 两种格式全文显示。如果本馆订购了该文献的电子版，用户可直接通过链接到其全文。如系统未提供全文，用户还可通过点击"国内馆藏及全文链接"查看国内哪个图书馆收藏该文献。

2. 标记记录

需要标记记录时，在显示文献前面的方框内点击。

3. 打印/电子邮件/存盘

检索结果可以直接打印、电子邮件传递或存盘保存(Print/Email/Save)。

第四章 数字图书馆的利用

第一节 数字图书馆概述

数字图书馆(Digital Library)是一个以分布式海量数据群为支撑的、开放、分布式的多媒体信息资源库,又是一个在分布式计算机网络环境中进行信息资源组织并提供信息服务的机构。与实体图书馆相比,数字图书馆具有丰富、新颖的内容、广泛、便捷的服务,这也是传统图书馆所无法比拟的。数字图书馆是传统图书馆在网络化、信息化和数字化环境下的发展,它不但包含了传统图书馆的功能,还融合了其他信息资源机构的功能,将成为未来社会的公共信息中心。

随着技术的发展,数字信息资源逐步成为图书馆馆藏资源的主体,图书馆也正朝着数字化方向发展。

一、数字图书馆的特征

数字图书馆与传统图书馆在基本的文献揭示和信息传递上所起的作用基本相似,但在表现形态、处理对象、工作程序等方面却有很大的差异。归纳起来,数字图书馆的特征主要有以下几个方面:

1. 信息资源数字化与虚拟化

数字图书馆是面向对象的数字化多媒体信息库,其存储介质已不限于纸质资源,它具有文本、声音、图像、影视等多种媒体,融合多媒体、超文本、超媒体等技术,通过智能化的信息处理手段,为读者呈现了一个多形式、多内容、多层次、多元化的信息空间。如中国国家数字图书馆的数字化资源包括:数字方志资源库、敦煌文献、石刻拓片资源库、甲骨文献资源库、博士论文资源库、民国时期中文期刊资源库、音频视频资料资源库等。美国国会图书馆在美国的数字图书馆建设上也发挥了重要的作用。美国最早的数字图书馆项目——"数字图书馆首创计划"(DLI),包括两项重要的信息资源数字化内容,其中一项是以"示范计划"的形式率先开始了"美国记忆(American Memory)"项目,选择并复制了一部分对研究美国历史和文化有着重要意义的收藏,以数字化的形式在美国国内发布。"美国记忆"数字图书馆的典型数字资源,现已成为美国青少年进行爱国主义教育的电子教材,取得了良好的社会效益。美国国会图书馆开展的"国家数字图书馆计划",将上百万具有史料价值的藏品转换为数字形式(主要是图像扫描配合全文索引)并通过 Internet 访问。截至 2001 年 1 月,美国国会图书馆已完成了其中 90 个不同主题的资源库,这些资源库中含有超过 500 万个款目的资源,它们在互联网上向全球提供免费服务,颇受教育界和公众欢迎,取得了很好的社会效益。

数字图书馆信息资源存储具有虚拟性。各种载体信息的数字化转换与存取、虚拟性成为数字图书馆馆藏的最大特点。虚拟存储实际上是逻辑存储,它可以把物理设备变成完全不同的逻辑镜像呈现给用户,既充分利用了物理设备的优势,如高性能、高可用,又打破了物理设备本身不可克服的局限性。存储虚拟化技术可以简化数据存储管理的复杂性,降低存储投资的费用,同时可为用户提供异构环境交互性操作,保持操作系统的连续性和使用的灵活性。

2. 信息服务网络化与共享化

在信息资源数字化的基础上,数字图书馆通过互联网将世界各国的图书馆和无数台计算机联为一体,其信息服务呈现出跨时空性、网络化、开放性等特点。如果对用户没有设定限制条件,用户就可以随时随地享受数字图书馆提供的各类信息服务,这是传统图书馆无法实现的。

有了数字化与网络化的坚实基础,数字图书馆可以把大量分布在不同地域、不同国家的众多图书馆或信息资源单位组成联合体,把在不同地理位置上及不同类型的信息按统一标准组织、管理并通过易用的方式提供给用户,超越了时空约束,实现了最大程度的资源共享。

3. 信息传递的知识化与智能化

与传统图书馆的文献服务相比,数字图书馆的信息服务正在向以用户为中心的知识服务的方向发展。而知识服务不是简单层面上的文献信息提供,而是高级形态的知识提供,即基于知识层面或语义层面对数据、信息进行组织加工、挖掘、重组,并以高度集成化的分布式网络平台传递这些信息内容。

数字图书馆服务系统利用各种智能化信息技术,如数据挖掘、个性化定制等,并充分考虑用户的检索知识和经验相对不足,以更理解用户的智能化信息服务手段开展信息服务。同时,它还能跟踪用户的信息活动,自动捕捉用户的兴趣爱好,主动搜索可能引起用户兴趣的信息提供给用户。如中国知网 CNKI 在信息检索、知识揭示等领域,可为用户提供多种智能检索的方法和途径,除了题名、作者、关键词、摘要等传统的检索方法外,还提供了模糊匹配、词汇语义扩展等多种检索方式,实现了对数据库海量信息的智能检索。

4. 服务对象的社会化与个性化

传统的图书馆以及信息服务机构的服务对象主要是本馆或本系统、本地区的读者以及部分馆际互借的读者,读者群相对集中,服务群体常常是一个相对固定的用户群,其信息需求、阅读倾向和选择利用的方式具有一定的客观性、相似性和相对确定性。而数字图书馆用户遍布全球各地,同时也不受时间的限制,从图书馆网站获取服务的用户超过物理意义上的实际进馆人数,其服务范围扩展至社会各个领域。

同时,数字图书馆强调信息提供的知识化、服务手段的个性化,根据用户的需求特点和差异,通过高效、便捷的用户分析、交流与反馈机制为用户量身定做合适的信息内容和系统服务。

二、数字图书馆的发展

1. 国外数字图书馆的发展

随着信息技术的发展,数字图书馆建设已成为评价一个国家信息基础水平的重要标志,早在 20 世纪 90 年代,美国就率先开始研究数字图书馆。1993 年,由美国科学基金会(NSF)、美国国防部尖端项目研究机构(DARPA)、国家航空与太空署(NASA)联合发起了数字图书馆创始工程,并开始实施一系列重要的 DL(Digital Library,数字图书馆)项目与计划,包括数字图书馆先导计划(DLI)一期(推动收集、存储、组织数字化资源的技术手段的发展,使数字化信息能通过网络进行查询、存取与管理)以及美国国家数字图书馆(NDLP)的"美国往事"(American Memory)项目。英、法、日、德、意等国也紧随其后,相继投入巨额研发资金建设本国的数字图书馆。1995 年,七国集团(加拿大、法国、德国、意大利、日本、英国、美国)成立 G7 全球电子图书馆集团,1998 年俄罗斯也加盟其中,建立欧洲 G8 全球电子图书馆。

1993 年,英国国家图书馆通过了数字图书馆和网络技术的"2000 年战略目标计划",为了加强领导,还专门设置了数字图书馆研制的专门机构,负责规划并实施"将集成的数字式资源加入馆藏并提供服务"项目。1998 年,法国文化部发布了文化内容资源的数字化计划,法国国家图书馆的 Gallica(1997 年启动)是目前世界上最大的免费 DL 之一,可为读者提供 7 万部电子图书、8 万幅图片以及声像信息资源。新加坡等亚洲国家也提出了各自的数字图书馆计划并加以实施。

目前,世界范围内正在掀起数字图书馆建设高潮,表现出两大基本特征:一是注重国际间的合作;二是科研层与工程层之间紧密结合。在各国实施的数字图书馆国家计划或项目中,以美国的数字图书馆创始计划和数字式图书馆联盟计划、英国的"存取创新"计划以及日本的"关西图书馆"计划等最具代表性。

2. 国内数字图书馆的发展

我国的数字图书馆的发展晚于国外,但是发展进程比较迅速。国内的 DL 研究从 1996 年开始,图书情报界与 IT 界开展了相关研究工作,内容涉及国外 DL 发展、对 DL 的认识、DL 与传统图书馆的结合等。

20 世纪 90 年代初,在信息化大潮中,我国图书情报机构紧跟世界科学技术的发展步伐,积极着手建设各类型数字图书馆项目,中国试验型数字式图书馆(CPDLP)项目、知识网络——数字图书馆系统工程项目、中国数字图书馆工程项目开始启动。1997 年,国家计委批准立项的国家重点科技项目中国试验型数字式图书馆(CPDLP)项目开始实施,此项目由中国国家图书馆(即北京图书馆)、上海图书馆、南京图书馆、中山图书馆、深圳图书馆、辽宁图书馆以及文化部文化科技开发中心联合承担,建设目标是建立多馆协作、互为补充、联合一致的中国试验型数字式图书馆。知识网络——数字图书馆系统工程项目是 1998 年国家 863 攻关项目,由北京图书馆与北京曙光天演信息技术有限公司合作完成,其目标是实现数字图书馆体系结构的设计与开发,初步建立一个中国试验型数字图书馆系统,该系统以因特网为环境,建设多个分布式数字资源库,实现横跨多个资源库的快速查询,并将其成果直接应用在中国数字图书馆工程建设中。与此同时,国内一些先进的图书馆也开始筹建自己的数字图书馆,如上海图书馆、中国科学院文献情报中心、广东省立中山图书馆、深圳市图书馆等。

21 世纪以来,在试验建设的基础上,国内建设较早的数字图书馆中国国家图书馆于 2000 年 4 月 18 日正式运营。国家数字图书馆工程充分依托中国国家图书馆丰富的馆藏资源和国家数字图书馆工程资源建设联盟成员的特色资源、借助遍布全国的信息组织与服务网络,建立了目前我国规模最大的数字图书馆,为社会各界提供专业、系统的技术支持和数字信息服务。

1998 年,中国高等教育文献保障系统(CALIS)经国务院批准开始建设,其宗旨是建设以中国高等教育数字图书馆为核心的教育文献联合保障体系,为中国的高等教育服务。

目前,我国的数字图书馆研究、建设已经初具规模,主要分为三种类型:一类是国家数字图书馆、中国科学院的国家科学图书馆、国家科技图书文献中心;一类是大学图书馆和其他类型图书馆建立的文献资源库及服务系统;第三种类型是以超星公司、北京书生数字技术有限责任公司等建立的商品化的数字图书馆。

三、数字图书馆的功能

数字图书馆不仅仅是传统图书馆的简单数字化,也是在传统图书馆基本运行管理概念基础上,借助于现代信息技术发展起来的一种大规模或超大规模的文献信息应用与管理系统。

1. 基本功能

(1) 信息资源数字化

信息资源数字化是数字图书馆建设中的重要内容,数字图书馆能够将存储在各种物理介质上的图文、声像等信息转化为数字信息,同时,还可进行网络信息的采集、整理和存储等,通过资源整合为不同类型用户服务。信息资源的数字化是基础和前提,信息资源的共享及利用是根本和目的。

(2) 信息发布

数字图书馆能够通过网络静态/动态地发布与传播各种数字资源信息,系统支持信息的实时发布、页面的动态生成与内容的自动更新功能。

(3) 信息服务

数字图书馆拥有丰富而又先进的查询技术,包括文本和图像分析工具以及数字化音频、视频信息的查询工具,可提供索引、全文检索和多媒体检索功能,系统不仅能统一检索图书馆常用的国内外数据库,还提供外部数据资源,包括门户网站、搜索引擎及其他网络资源,方便用户获得全面的信息资源。此外,系统还可提供实时在线虚拟参考咨询平台,实现交互式的在线数字化咨询服务,以满足不同用户的信息需求。

(4) 资源管理

数字图书馆还可以对不同类型信息资源进行有效的组织和集中管理,为用户获得信息服务提供方便。同时,数字图书馆具有一般计算机网络系统的管理功能,包括权限管理,主要体现在对知识产权访问的控制、监督和保护,通过技术手段防止未经授权而使用版权人的资源,可以有效地保护信息拥有者和最终用户的利益。

2. 社会功能

数字图书馆的社会功能是数字图书馆与外界环境相互作用的产物,是其基本功能的社会表现形式,包括保存人类文化遗产、传播知识与交流信息、社会教育与学习、提高民族文化素质、承载数字文化、支持知识创新等功能。

(1) 保存人类信息资源

传统图书馆中,保存人类文化遗产是其根本的社会功能,而就数字图书馆而言,其根本的社会功能应该是保存人类信息资源。传统图书馆只是最广泛、最完整地保存着记载人类文化进化的文献载体;对于数字图书馆而言,其保存的文献载体已是数字化的信息资源。但在保存人类文化遗产方面,数字图书馆以新的技术手段,显示出了绝对的优势,它不但能解决日趋严重的馆藏空间及经费不足的压力,而且使长期困扰图书馆工作者在保存馆藏的珍贵文献资料方面的难题得以解决,尤其对那些受损严重或濒临毁灭的珍本、善本文献进行数字化处理,不仅解决了永久保存的问题,而且可以重新发挥它的利用价值,从而有效地解决了藏与用的矛盾。

(2) 传承民族文化

数字化图书馆集计算机、多媒体网络等多种高新技术于一体,改变了传统文献资源的存储方式,打破了传统图书馆的时空界限,实现了信息资源的数字化存储、检索,拓展了文献信息服务领域的新局面,让更多的用户尽享民族及世界文化之精髓。

(3) 传播知识信息

数字图书馆作为知识的荟萃地、信息的枢纽,发挥着传播知识和交流信息的功能。同时,数字图书馆的出现为消除"数字鸿沟",实现信息公平提供了平台。信息共享也是数字图书馆最主要的特征。数字图书馆以用户为中心的服务理念,使不同阶层、不同群体的社会成员都能根据个人的信息需求获取知识信息、享受到图书馆的信息服务。

(4) 提升国民素质

数字图书馆工程改变了文化信息资源保存、管理、传播、使用的传统方式,为用户提供了丰富的数字化学习资源和开放互动的教育平台,营造出全民终身教育的良好环境,为人们接受终身教育、提升综合素质提供了理想的场所。当今社会,知识的作用正在变得越来越大,终身学习成为社会成员生存的基本要求,自我学习成为社会成员生存的基本手段。数字图书馆可为社会成员的自我学习、终身学习提供了良好的条件。

(5) 推动社会发展

数字图书馆有助于推动社会的进步发展。数字图书馆的数字技术为知识的贮存提供海量的空间,使人们能更有效地利用知识,创造出推动社会进步、推动社会发展的新知识。同时,数字图书馆的发展必将带动相关产业的发展。通过数字图书馆的建设,推动网络技术及其相关行业的发展,从而产生巨大的经济效益和社会效益。

第二节　书目信息检索

数字图书馆信息资源建设主要包括馆藏信息资源数字化和网络信息资源整合两方面,其中,书目信息是图书馆提供给用户最常用也是最重要的信息资源。

一、联机公共目录查询

联机公共目录查询(Online Public Access Catalogue,简称 OPAC),这是利用计算机终端来查询基于图书馆局域网内的馆藏数据资源的一种现代化检索方式,是图书馆向用户提供的电子目录查询系统,是用户检索和使用图书馆信息资源的一种重要手段。OPAC 是当前数字图书馆书目查询的通用系统,兼容于各种图书馆管理系统。OPAC 提供多种途径检索,并可进行布尔逻辑检索和模糊检索。

书目查询一般提供题名、责任者、主题词、出版者、索书号、中图分类号等检索途径,如图 4.1 所示。OPAC 检索系统除了能够满足馆藏书刊查询,还可以实现预约服务、读者借阅情况查询、新书通报、读者荐购等一系列功能。

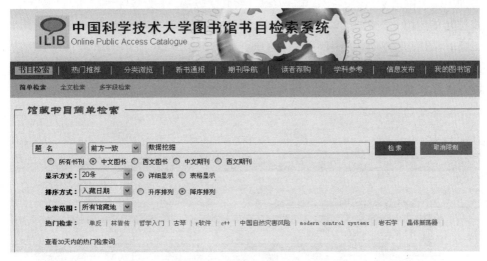

图 4.1

二、联合目录

联合目录源于 1956 年,美国国会图书馆联合北美地区图书馆共同编纂的联合目录(National Union Catalog,简称 NUC),收藏包括国会图书馆在内的北美 1000 多个图书馆的资源,其著录完备、收录全面,在一定程度上起着国家书目的作用。

进入 20 世纪 70 年代以后,由于计算机技术在图书馆的应用,在线编目广泛发展起来,其中以 OCLC 规模最大。

OCLC(Online Computer Library Center,Inc.),联机计算机图书馆中心,总部设在美国的俄亥俄州,是世界上最大的非赢利的提供文献信息服务的机构,它拥有世界上最大的书目数据库——World Cat(在线编目联合目录),该库是 OCLC 的一个由 9000 多成员馆参加的联合目录数据库,目前包括 400 多种语言的 5700 多万条记录,覆盖了从公元前 1000 年到现在的资料,基本上反映了世界范围内的图书馆所拥有的图书和其他资料,并以每年 200 万条记录的速度增长。该库每天更新。如图 4.2 所示。

我国的集中编目起步较晚。1997 年 10 月,依托于国家图书馆的全国图书馆联合编目中心应运而生,该机构是国内第一家全国性联合编目机构,中心本着为全社会文献信息机构服务的宗旨,切实履行公益性服务理念,通过统一规划、统一标准、逐步推进、合作建设、协调管理,积极推动全国信息资源共建共享的进程,联合目录在一定程度上较好地履行了国家书目的重要职能。截至 2012 年 6 月,联合目录中外文数据量已达 961 万余条,其中中文书目数据 5 328 749 条,包括图书、期刊、报纸、学位论文、音像资料、电子资源、缩微文献等,外文书目数据 3 044 560 条,涵盖英文、俄文、日文、德文、法文、韩文、阿拉伯文等 80 余个语种的文献。在数字环境下,随着文献类型的不断拓展,信息资源的不断丰富,我国的联合目录共建共享的广度和深度都有较大幅度拓宽和提升,在高等院校系统中比较突出的有中国高等教育文献保障体系 CALIS 联机合作编目系统。

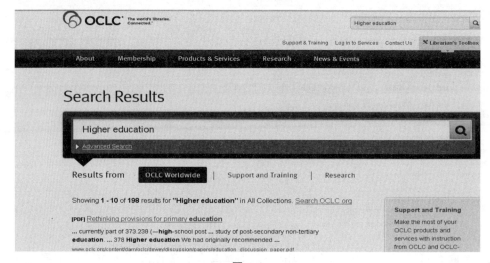

图 4.2

三、CALIS 联合目录简介

中国高等教育文献保障系统(China Academic Library & Information System,简称 CALIS)是以中国教育与科研计算机网(CERNET)为依托,以中国高校图书馆联盟为架构、面向高等院校的网上学术信息资源共享系统。其宗旨是整合高校丰富的文献资源和人力资源,建设以中国高等教育数字图书馆为核心的教育文献联合保障体系,实现信息资源共建、共知、共享,发挥最大的社会效益和经济效益,为中国的高等教育服务。

自 1998 年开始建设以来,CALIS 管理中心引进和共建了一系列国内外文献数据库,包括大量的二次文献库和全文数据库;主持开发了联机合作编目系统、文献传递与馆际互借系统、统一检索平台,形成了较为完整的 CALIS 文献信息服务网络,迄今参加 CALIS 项目建设和获取 CALIS 服务的成员馆已超过 500 家。如图 4.3 所示。

2003年3月,CALIS联机合作编目系统正式启动,该系统专用于CALIS中外文书刊联合目录(含古籍)的建设,实现广域网的联机共享编目和书目数据下载功能。

图4.3

CALIS联合目录一般提供两种检索方式,基本检索和高级检索。其中基本检索提供全部字段、题名、责任者、主题和ISBN/ISSN等检索途径。如图4.4所示。

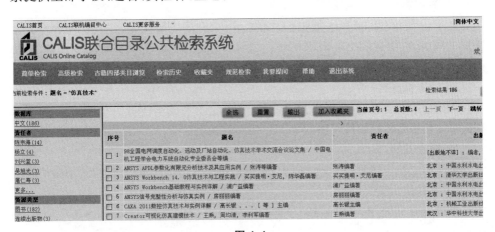

图4.4

CALIS联合目录公共检索系统(以下简称OPAC)主要功能:

多库分类检索:OPAC中的数据按照语种划分,可分为中文、西文、日文、俄文四个数据库；按照文献类型划分，可分为图书、连续出版物、古籍。

排序功能：默认的排序优先次序是题名、相关度。

多种显示格式：检索结果分详细文本格式、MARC显示格式等多种格式显示。前者对所有用户免费开放，MARC显示格式只对CALIS联合目录成员馆开放，查看或下载MARC记录，均按照CALIS联合目录下载费用标准收取。

多种格式输出：对所有用户提供记录引文格式、简单文本格式、详细文本格式的输出。

馆际互借：OPAC系统提供用户直接发送请求到本馆的馆际互借网关，用户无需填写书目信息。

高级检索：除了可进行检索途径组合之外，还有限定词进行限定，提高了检索速度和查准率。

第三节 数字化图书的检索与利用

数字化图书，也就是我们常说的电子书（Electronic Book，简称E-Book），它是一种以数字代码方式将图、文、声、像等信息存储在磁、光、电介质上，通过计算机或类似设备阅读和使用的一种数字化出版物，包括电子图书、电子期刊、电子报纸等。

一、数字化图书的特点

① 内容丰富

数字化图书不再依赖于纸张，而以磁、光、电介质取而代之，使其存储容量大大增加。同时，数字化图书一般都不仅仅是纯文字，而添加有许多多媒体元素，诸如图像、声音、影像等，在一定程度上丰富了知识的载体形式。

② 成本低廉

无论是制作成本还是制作时间方面，数字化图书成本较低。相同的容量比较，存储体的价格是传统媒体价格的1/100～1/10，甚至更低，其功耗低，续航时间较长。

③ 使用便捷

电子图书易于检索与互动，可以以更灵活的方式组织信息，方便读者阅读使用。

④ 个性化定制

阅读内容和使用方式可进行个性化定制。

二、数字化图书格式

数字化图书存在的格式有很多种，比较常见的主要有以下几种。

(1) EXE 格式

目前比较流行的一种数字化图书文件格式,其特点是制作简单、阅读方便,制作出来的电子读物相当精美,无需专门的阅读器支持就可以阅读。

(2) TXT 格式

它在电脑上是记事本的扩展名,其实就是未做任何加工的电子文本,是最简单的展现文本,普遍应用在电子产品中,最常见的就是 TXT 小说。

(3) PDF 格式

PDF 是 Adobe 公司开发的电子读物文件格式,是目前使用最普及的电子书格式,它可以真实地反映出原文档中的格式、字体、版式和图片,较适合于浏览静态的电子图书。

(4) PDG 格式

PDG 文件是超星公司电子图书的专有格式,需要用超星公司的专用浏览器(Superstar Reader)才能阅读。

(5) CAJ 格式

CAJ(China Academic Journals)是中国知网学术期刊全文数据库中专用全文格式阅读器,它支持中国期刊网的 CAJ、NH、KDH 和 PDF 格式文件。

(6) CHM 文件格式

CHM 文件格式是微软 1998 年推出的基于 HTML 文件特性的帮助文件系统,支持 JavaScript、VBScript、ActiveX、Java Applet、Flash、图像文件(GIF、JPEG、PNG)、音频视频文件(MIDI、WAV、AVI)等,可以通过 URL 与 Internet 联系在一起。

(7) HTML 格式

网页格式,可用网页浏览器直接打开。

(8) WDL 文件格式

WDL 是北京华康公司开发的一种电子读物文件格式,目前国内很多大型的电子出版物都使用这种格式。其特点是较好地保留了原来的版面设计,可以通过在线阅读也可以将电子读物下载到本地阅读,但是需要使用该公司专门的阅读器 DynaDoc Free Reader 来阅读。

三、数字化图书数据库

1. 超星数字图书馆

(1) 资源概述

超星数字图书馆是国家"863"计划中国数字图书馆示范工程项目,是全球最大的中文数字图书馆,内容涉及人文艺术、数理科学、生物科学、农业科学、工业技术等学科。超星数字图书馆以丰富的电子图书资源为用户提供阅览、在线阅读,还提供下载、打印、资源整理、数据采集等一系列功能。超星数字图书馆网址为:http://book.chaoxing.com/。

(2) 检索方式

① 快速检索

在检索框里直接输入检索词如书名、作者进行检索。如图4.5所示。

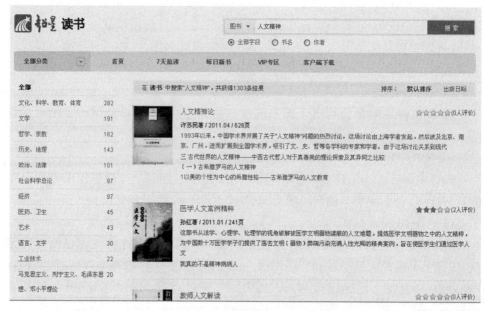

图 4.5

② 分类检索

先确定检索内容所属类别,再通过主页中提供的"数字图书分类"检索该类目下的图书记录。

③ 高级检索

为了便于进行较为复杂的组合检索,系统提供有高级检索功能。在高级检索界面中,可以根据文献的题名、作者、关键词、出版日期等进行组配检索。其检索界面,如图4.6所示。如果读者第一次登录超星数字图书馆,需下载安装"超星阅读器"才可阅读电子图书全文内容。

2. 读秀学术搜索

读秀学术搜索是目前功能较为完善的文献搜索及获取服务平台,其一站式检索实现了馆藏纸质图书、电子图书、期刊论文等各种异构资源在同一平台的统一检索,并可通过优质的文献传递服务,为读者学习、研究、写论文、做课题提供最全面准确的学术资料和获取知识资源的捷径。如图4.7所示。

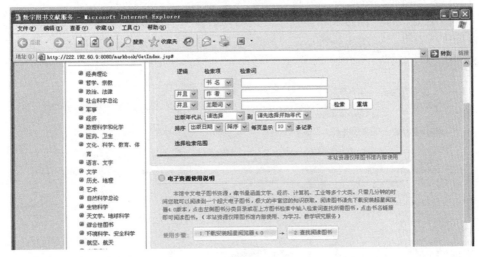

图 4.6

图 4.7

读秀功能特点：

(1) 整合资源

将图书馆现有纸质图书资源、电子资源以及各种异构资源整合到同一平台下，实现统一检索管理。

(2) 检索资源

通过读秀的深度检索，快速、准确地查找学术资源。

(3) 获取资源

读秀为读者整合学术资料，并提供多种阅读、获取资源的途径。

（4）定制特色功能

满足用户的管理需求和读者的阅读需求。选择检索类型及检索字段，输入检索词进行查询。如图 4.8 所示。从检索结果列表中点击需要的图书题名，进行原文阅读。

图 4.8

3. 书生之家数字图书馆

（1）资源概述

书生之家数字图书馆是以书生全息数字化技术为核心而建立的、全球性的中文书报刊网上开架综合性读书网站。集成业界领先的 TRS 搜索引擎，能实现海量数据的全文检索，可提供分类检索、单项检索、组合检索、二次检索等强大的检索功能。书生第三代数字图书馆技术是为构造基于用户信息活动和互动性的数字图书馆而设计。其主页如图 4.9 所示。

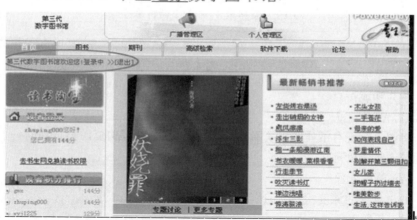

图 4.9

(2) 图书检索方法

① 分类浏览

在首页左侧下方分类目录中,点击相应类目即可打开该类目下全部书名,就可以浏览选择的图书。

② 图书检索

点击书生之家主页上方的"图书检索",此检索提供书名、作者、主题、提要和丛书等检索字段。如图 4.10 所示。

图 4.10

4. 方正 Apabi 数字图书馆

(1) 资源概述

方正 Apabi 数字图书馆是由北京大学图书馆和北大方正联合推出的电子图书全文数据库系统。方正 Apabi 数字图书馆以提供最新的电子图书为主,侧重于计算机类图书和其他各类热门图书。Apabi 数字图书馆中图书质量较好,所占存储空间小,而且提供多种浏览和检索功能,给读者带来了全新的阅读体验。

通过该数字资源平台,读者可以第一时间看到新书信息并在线翻阅,精准快速地找到感兴趣的内容,还可以创建属于自己的个性化首页,从而快速、便捷地浏览到自己关心的知识和新闻。

(2) 检索方法

① 基本检索

直接输入检索词进入检索。如图 4.11 所示。

② 分类检索

点击左侧的"中国图书馆图书分类法",查找所需学科类别图书,如图 4.12

所示。

图 4.11

图 4.12

③ 高级检索

输入检索控制条件进行检索,如图 4.13 所示。

第四章　数字图书馆的利用

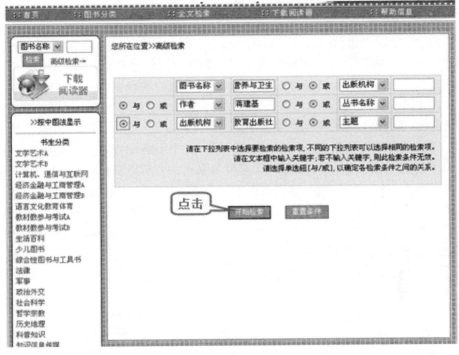

图 4.13

(3) 阅读方式

读者可以采用两种阅读方式：在线阅读或借阅（离线浏览），如图 4.14 所示。

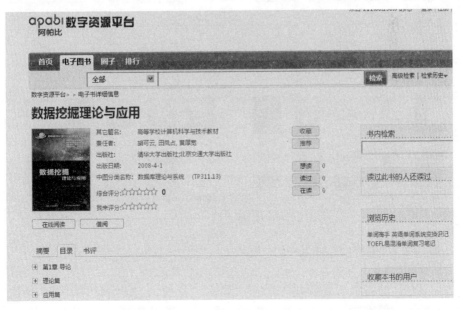

图 4.14

5. 大学图书馆国际合作数字图书馆

(1) 资源概述

大学数字图书馆国际合作计划(China Academic Digital Associative Library，简称CADAL)前身为高等学校中英文图书数字化国际合作计划(China-America Digital Academic Library，简称CADAL)，由浙江大学联合国内外的高等院校、科研机构共同承担。其建设的总体目标是：构建拥有多学科、多类型、多语种海量数字资源的、具有高技术水平的学术数字图书馆。

目前，CADAL项目建立了8个数据中心，33个服务中心，两个数字化加工基地和40余个数字化加工中心，形成了全世界最大的资源数字化网络，建成的全文数据库总量达250万册(件)，主要来源于国内外研究型大学的馆藏文献，囊括中外文图书、音视频资料以及报刊论文等重要文献，是一个以数字化图书期刊为主、覆盖所有重点学科的学术文献资源体系，可提供一站式的个性化知识服务，涉及理、工、农、医、人文、社科等多种学科。

(2) 检索方式

① 快速检索

进入CADAL数字图书馆的主页，默认的检索界面即为快速检索。首先，选择检索文献的类别，分为古籍、民国图书、民国期刊、现代图书、学位论文、报纸、视频和英文等类别；其次，在检索框中输入检索词，如图4.15所示。

图 4.15

检索结果如图 4.16 所示。

② 高级检索

CADAL的高级检索提供"书名""作者""关键词""出版机构"和"描述"5个检索项，并提供"并且""或者"和"不包含"3个逻辑算符进行组配，如图4.17

所示。

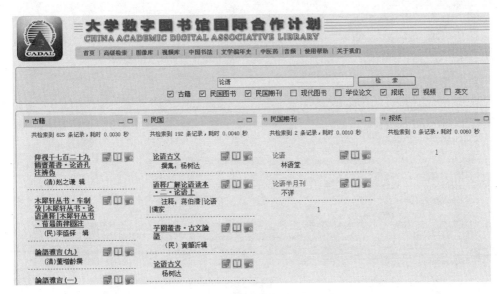

图 4.16

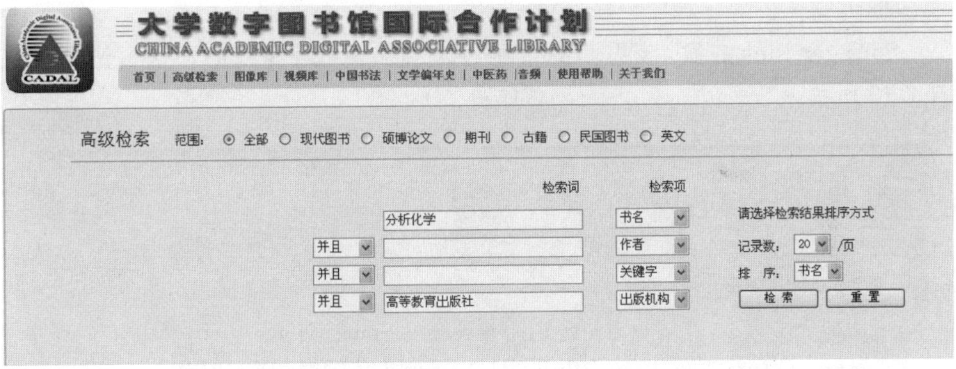

图 4.17

③ 图像检索

图像检索提供"语义检索"和"基于内容检索"两种检索方式,每种方式又提供浏览和关键词检索。

6. Springer 电子书

(1) 资源概述

Springer Link 是世界上著名的科技出版集团德国施普林格出版公司提供的学术期刊及电子图书在线服务。Springer 电子丛书包括 30 套电子丛书,内容涉及物理、化学、控制和信息、有机金属等方面。点击"Springer 图书",进行检索。如图 4.18 所示。

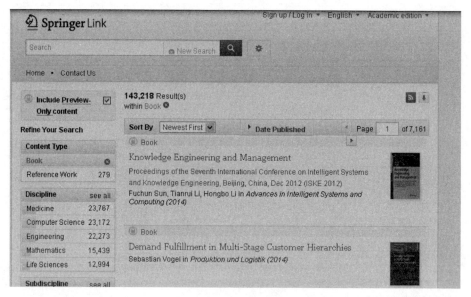

图 4.18

(2) 检索方式

① 浏览

Springer Link 首页,该界面提供两种浏览方式:内容浏览和学科浏览。如图 4.19 所示。

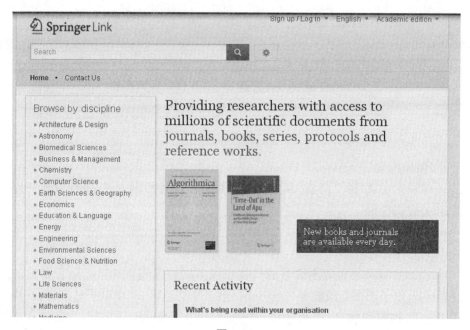

图 4.19

按内容浏览。将所有出版物名称按字母顺序排列起来,用户可以直接逐卷逐期地浏览期刊论文或丛书。可以浏览 Springer Link 所有的期刊或丛书,也可以限制为只能看到全文的期刊或丛书。

按学科浏览。点击"Browse by discipline",可以按类浏览 Springer Link 的所有期刊或丛书。

② 简单检索

在 Springer Link 首页上方有一简单检索框,可直接输入检索词进行检索。检索结果可以为文章、出版物或出版者。如图 4.20 所示。

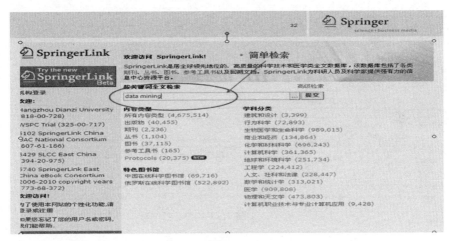

图 4.20

③ 高级检索

点击"Advanced Search",即进入高级检索界面,如图 4.21 所示。

(3) 检索提示

① 用截词检索

检索词尾用一个"*",表示检索出所有相同词要词,例如 key* 可检出 key,keying,keyhole,keybord 等词。

检索词尾用两个"**",表示检索出一个词的所有形式,例如 sink** 可以检索出 sink,sinking,sank 和 sunk。

② 位置检索

用位置算符 NEAR 连接检索词,表示两个检索词相互邻近,返回的检索结果按邻近的程度排序。

(4) 检索结果处理

执行检索后,首先显示的是检索结果的数量和篇名目录页,每一条记录包括书名、作者、出版年月等。

点击书名后,将显示该文献的详细记录。

在详细记录显示页面,点击"Download PDF"或"View Chapter",可阅读全文或指定章节内容。

注：Springer 电子期刊的全文全部采用 PDF 文件格式，可以存盘、打印。

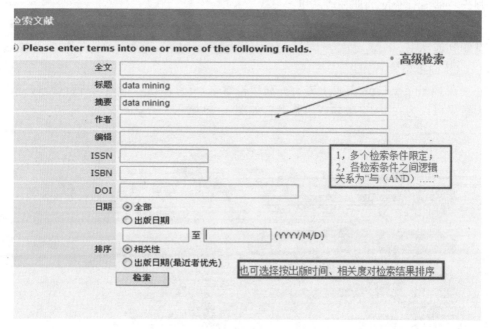

图 4.21

第四节 文献传递

一、文献传递基本概念

文献传递（Document Delivery），又称原文传递，是指将用户所需的文献（或复制品）以有效的方式直接或间接传递给用户的一种非返还式的文献提供服务，它具有快速、高效、简便的特点。

数字图书馆常用的文献传递服务方式一般有两种：一、电子邮件，即将读者需要的文献通过电子邮件直接传递到图书馆或读者的 E-mail 信箱中，这是目前文献传递采用的主要服务方式；二、文献传递管理系统，如果图书馆是共建共享单位，一般可以使用该共建平台提供的文献传递管理系统来传递文献。

1993 年，国际标准组织公布了开放系统互联环境下有关馆际互借及文献传递系统的两个国际标准 ISO10160（服务定义）和 ISO10161（协议说明），简称 ISOILL

协议。另一个馆际互借和文献传递系统协议标准是于 2002 年被美国国家信息标准组织(NISO)批准的流通数据交换协议 NCIP(即 Z39.83)。目前，国内外使用的馆际互借和文献传递管理系统都基于 ISO10160/10161 或 NCIP 的馆际互借系统。

文献传递服务其表现形式为多样，主要有以下几个方面。

a. 按提供文献机构分为由图书情报机构提供的文献传递服务和由商业性信息服务机构(公司)提供的文献传递服务。

b. 按文献传递方式分为手工方式提供的文献传递服务和电子方式提供的文献传递服务。

c. 按文献传递目的分为赢利性文献传递服务和非赢利性文献传递服务。

无论是传统的文献传递还是现代的文献系统，其服务工作程序都基本相似，主要包括：

a. 查询相关文献信息目录。

b. 填写文献传递申请，委托本单位图书馆进行文献传递。

c. 图书馆接受申请，有关馆员依据用户提供的文献完整信息，本着先本地后外地的查询原则，依次查询本馆期刊目录、各级联合目录以及网上各种期刊数据库。

d. 传递原文。利用现代化的电子和网络等工具，如 E-mail、传真、电话、邮递等方式进行原文传递。

e. 归档统计。有关人员要做好登记，记录索取原文满足及其文献源的有关情况，为建立本馆文献传递服务的文献源数据库打好基础。

二、国内常用的文献传递系统

1. 中国高等教育文献保障系统馆际互借与文献传递系统

(1) 概况

中国高等教育文献保障系统(CALIS)馆际互借与文献传递网(以下简称文献传递网)为 CALIS 面向读者或文献服务机构提供馆际互借与文献传递服务管理系统，该文献传递网由众多成员馆组成，包括利用 CALIS 馆际互借与文献传递应用软件提供馆际互借与文献传递的图书馆(简称服务馆)，以及从服务馆获取馆际互借与文献传递服务的图书馆(简称用户馆)。用户以馆际互借或文献传递的方式，通过所在成员馆获取 CALIS 文献传递网成员馆丰富的文献收藏。目前，该系统已经实现了与 OPAC 系统、CCC 西文期刊篇名目次数据库综合服务系统、CALIS 统一检索系统、CALIS 文科外刊检索系统、CALIS 资源调度系统的集成，读者直接通过网上提交馆际互借申请，并且可以实时查询申请处理情况。利用 CALIS 馆际互借与文献传递网，首先必须注册，然后登录进入系统，如图 4.22 所示。

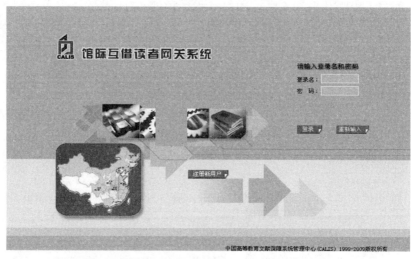

图 4.22

(2) 个人用户模式

个人用户模式又称管理员模式,在该模式下,用户馆经馆际互借员认可的所有读者用户在服务馆系统中开有的独立帐户(用户),用户馆读者可自行到服务馆的系统上去提交文献传递申请,而无须本馆馆际互借员审核,用户馆的馆际互借员可以利用这个户头在服务馆的系统上管理用户,以及自行获取本馆读者申请的统计信息等,所以又称为管理员模式。由于用户馆读者提交申请无须本馆馆际互借员审核,容易造成失控,用户馆管理员可利用系统提供的保证金和透支管理功能约束本馆用户的传递请求。在这种模式下,服务馆可以将原文直接传递给用户,也可先传递给用户馆馆际互借员(管理员),再由馆际互借员(管理员)传递给用户。

2. 中国高校人文社会科学文献中心文献传递系统

(1) 概况

中国高校人文社会科学文献中心(China Academic Social Sciences and Humanities Library,简称 CASHL,又称之开世览文)是在教育部的统一领导下,本着"共建、共知、共享"的原则为高等学校建立的哲学、社会科学教学和研究文献保障服务体系,也是全国性的、唯一的人文社会科学文献收藏和服务中心,如图 4.23 所示。

(2) 文献传递服务

CASHL 文献传递服务程序包括以下几个步骤:

① 用户注册

凡是 CASHL 高校成员馆的用户,若需要全文传递服务,必须先在开世览文(http://www.cashl.edu.cn/portal/index.jsp)主页上进行用户注册。注册完成后,持注册时填写的有效证件到本校图书馆的馆际互借处或文献传递处进行确认,确认后即成为 CASHL 的合法注册用户。新注册用户需要等待所属学校图书馆的馆际互借员审核身份并确认后,才能提交文献传递申请。如图 4.24 所示。

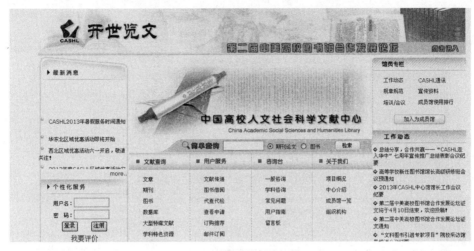

图 4.23

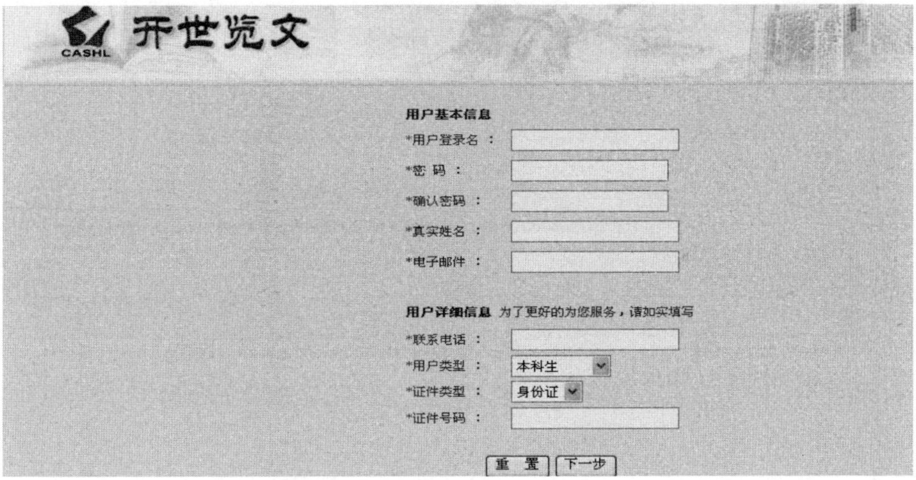

图 4.24

② 提交请求

用户登录 CASHL 主页,进入检索界面,查到所需文献的篇名题录信息,单击"发送文献传递请求"按钮,输入用户名和口令(用户注册时获得的信息),即可进入申请文献传递信息页面,自动生成相应的信息后单击"提交"按钮,即可提交文献传递请求。

③ 获取全文

用户提交文献传递请求后,通常可在 1~3 个工作日内获得全文。

3. 读秀文献传递系统

读秀系统不仅可以对文献资源及其全文内容进行深度检索,而且还可以提供原文传送服务。如图 4.25 所示。

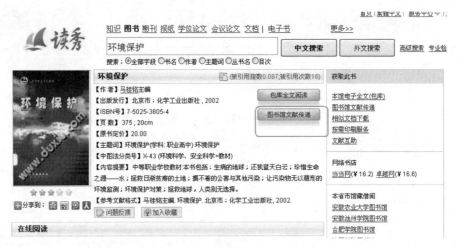

图 4.25

读秀系统可以为读者提供单次最多 50 页的原文传递服务。读者先根据显示的目录页，选定所需的页数，提交需求信息，原文以电子邮件的方式，免费发送到读者的信箱中，每次发送的原文可以有 20 天的有效期，这一期间内，读者可以随时浏览并打印。如图 4.26 所示。

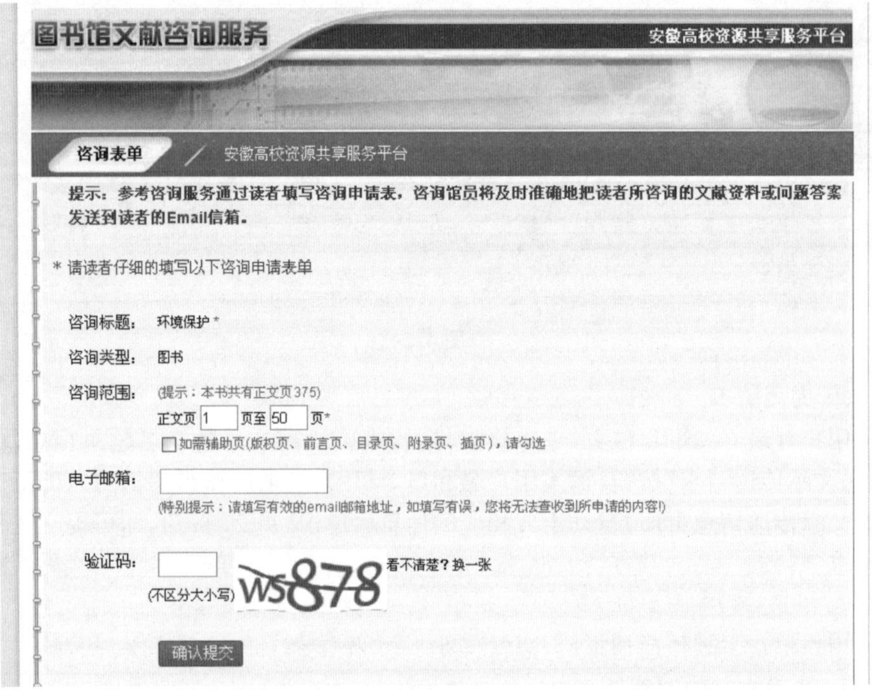

图 4.26

4. 中科院国家数字图书馆全文传递服务系统

中科院国家科学数字图书馆(CSDL)是服务于中国科学院全院系统以及协议文献传递机构用户的科技信息服务平台。通过 CSDL 可以登录因特网使用 30 多个科学文献数据库,并获得随易通、文献传递、参考咨询和跨库检索等近 10 项网络化服务。

CSDL 可提供中外文的电子期刊、会议录、学位论文、专利、科学引文索引和网络信息导航(学科信息门户)等类型约 128 个数据库文献信息,内容涉及数学、物理、化学、生命科学、资源环境、工程技术等。用户利用其跨库检索引擎可直接查询上百个全文、文摘和馆藏目录数据库,并可利用其文献传递系统获得全文传递服务。

5. 国家科技图书文献中心的文献传递系统

国家科技图书文献中心(National Science and Technology Library,简称 NSTL)全文传递系统,除电子邮件和文献传递管理系统外,文献传递的服务方式还包括传真、邮寄、FTP 上传等。在不能使用电子邮件而又急需文献时通常使用传真的方式,但成本较高;若采用邮寄的方式,则花费的时间较长,通常采用特快专递的方式进行邮寄。NSTL 文献传递系统采用集中式的管理模式,通过网络向读者提供科技文献资源检索和全文提供服务,为国内的科技创新提供文献保障。

三、国外主要文献传递服务体系

进入 20 世纪 90 年代以来,随着网络技术、远程通信技术和数据库技术的不断发展,一些功能齐全的综合型和专业型数据库、联合目录数据库、全文数据库、电子邮件和电子书刊的涌现,为文献传递提供了更广泛的、更多选择的信息来源,为用户检索提供了极大的方便,从而促使电子文献传递服务进入全盛发展时期。

1. 英国国家图书馆文献提供中心

大英图书馆文献供应中心是世界上大型的文献采配中心,它依赖自身丰富的数字馆藏资源,充分利用 Ariel 和 SED 两种网上文献传递方式为广大用户提供文献传递服务。英国国家图书馆文献提供中心(BLDSC)提供多种文献服务形式包括一般复制服务、支付版权税的复制服务、快件服务、文献导航服务等。对于用户的请求,BLDSC 一般采用普通服务和快速服务两种方式予以解决。

2. 德国 SUBITO

SUBITO 是德国教育科研部为了加快文献资料的提供速度而建立的一个国际性的图书馆文献传递系统,有德国、奥地利、瑞士等国家的 33 个图书馆参加,这些图书馆的 100 多万种期刊及图书形成了一个为科学、经济、社会等所有领域提供信息的重要基础。它提供期刊论文和图书章节的复制和传递服务,也提供图书的出借服务。单篇文献的传递通过 E-mail 和 FTP 方式传递给用户,或将复制件邮寄、传真给用户,书则通过邮递方式寄送,在借阅期限内寄回。SUBITO 文献传递方式主要有 E-mail 和 FTP 两种方式,FTP 包含 AC-tive 和 Passive 两种形式。FTP AC-tive 是将数字文献资源存放在用户指定的服务器上;FTP Passive 是将用户需要的数字文献资源存放在提供者的服务器上,并通过 E-mail 通知用户及时下载,不对商业用户提供服务,以保护知识产权。

3. OCLC 馆际互借

OCLC 馆际互借是资源共享的一项重要内容,目前已实现让各国的图书馆在本地区或全球范围内共享 OCLC 馆藏。由 6700 多个图书馆组成馆际互借服务网络,面向图书馆提供馆际互借和全文传递服务。

4. 其他馆际互借与文献传递系统

其他馆际互借与文献传递系统,如 UMI(University Microfilms Inc.)。UMI 文献传递定单通过 ProQuest 系统提交,或通过传真、电话、E-mail、邮件、电子信息资源和互联网来处理。

第五章 多媒体信息检索

随着多媒体技术的快速发展,大量的图像和视频、音频信息不断涌现出来,如何组织、管理这些海量的、包含大量非结构化信息的数据,并且从中有效地查询和检索出有用的信息,成为人们越来越关注的问题。本章主要介绍多媒体信息检索的相关概念和视频、音频信息数据库的检索。

第一节 多媒体信息基本概念

什么是多媒体信息?我们先了解几个相关的概念。

1. 多媒体

多媒体来自英文"Multimedia",该词由 Multiple 和 Media 复合而成,有两种含义:一种是指多种或多个媒体简单组合;另一种是指能综合处理多种媒体信息,包括文本、图形、图像、声音、动画和视频等。在实际生活中,特别是在计算机领域中,多媒体成了多媒体计算机或多媒体技术的代名词,一般来说,多媒体是融合了两种或两种以上媒体的一种人机交互式信息交流和传播的媒体。

2. 超文本

超文本(Hypertext)是用超链接的方法,将各种不同媒体的文字信息组织在一起的网状文本。超文本是一种用户界面范式,用来显示文本及与文本之间相关的内容,其格式有多种,目前最常用的是超文本标记语言(Hyper Text Markup Language,HTML)及富文本格式(Rich Text Format,RTF),我们日常浏览的网页上的链接都属于超文本形式。同时,超文本又是按信息之间关系非线性地存储、组织、管理和浏览信息的一种技术。

3. 超媒体

超媒体(Hypemedia)是超文本和多媒体在信息浏览环境下的结合,是对超文本的扩展,它具有超文本的全部功能,能够处理多媒体和流媒体信息。

4. 流媒体

流媒体又叫流式媒体(Streaming Media),是指采用流式传输的方式,将一连串的媒体数据压缩后,经过网络分段传送数据的一种技术与过程。流媒体技术使得数据包得以像流水一样发送；如果不使用此技术，用户必须在使用前下载整个媒体文件才能看到其中的内容。流传输可传送现场影音或预存于服务器上的视频，使得启动延时成十倍、百倍的缩短，而且不需要太大的缓存容量。

5. 多媒体信息

多媒体信息是把文字、音频、视频、图形、图像和动画等信息通过计算机进行数字化采集、压缩/解压缩、编辑、存储等加工处理，再以单独或合成形式表现出来的产物。

一、多媒体技术的特点

所谓多媒体技术（Multimedia Technology）就是利用计算机对文本、图形、图像、声音、动画、视频等多种信息综合处理、建立逻辑关系和人机交互作用的技术，其主要特点有以下几个方面：

① 集成性

能够对信息进行多通道统一获取、存储、组织与合成，是集文字、图形、声音、图像、动画等各种媒体信息的一种综合应用。

② 非线性

多媒体技术的非线性特点改变了人们传统的循序性的读写模式，借助超文本链接的方法，把信息内容以一种更灵活、更具变化的方式呈现给读者。

③ 多维性

多媒体技术具有处理信息范围的空间扩展和放大能力。

④ 交互性

交互性是多媒体应用有别于传统信息交流媒体的主要特点之一，可以实现人机交流活动以及人对信息的主动选择和控制。

⑤ 便捷性

用户可以按照自己的需要、兴趣、任务要求、偏爱和认知特点来使用信息和选择信息表现形式。

⑥ 实时性

实时性是指当多种媒体集成时，其中的声音和运动图像是与时间密切相关的，甚至是实时的。

⑦ 动态性

多媒体像是一部流动的书，多媒体信息随时间动态变化。

二、多媒体元素及其特征

多媒体元素主要由文本、图形、图像、声音、动画和视频构成。

文本是以文字和各种符号表达的信息,它是现实生活中使用得最多的一种信息存储和传递方式。文本表达信息内容包括概念阐述、定义、原理和问题以及显示标题、菜单等内容,主要用于对知识的描述性表示。与其他媒体相比,文字是最容易处理、占用存储空间最少、方便人们利用计算机进行输入和存储。

这里讲的图形就是矢量图。矢量图形是通过一组指令集来描述的,这些指令描述构成一幅图的所有直线、圆、曲线等的位置、维数、大小和形状。显示时需要专门的软件读取这些指令,并将其转变为屏幕上所显示的形状和颜色。

图像是多媒体软件中最重要的信息表现形式之一,是决定一个多媒体软件视觉效果的关键因素,其优点是形象、直观、信息量大,但其占用存储空间较大。

声音是人们用来传递信息、交流感情最方便、最熟悉的方式之一。其优点是可以给人多感官刺激,有利于限定和解释画面,增强对文字、图像等类型媒体信息的理解;其缺点是数据量庞大。

动画是对事物运动、变化过程的模拟,可以用来模拟事物变化过程、说明原理。动画提供了静态图形缺少的运动景象,突出强化了其本质要素。

视频是对现实世界的真实记录。视频影像具有时序性与丰富的信息内涵,常用于交待事物的发展过程,在多媒体中充当起重要的角色。

三、多媒体信息的类型

多媒体信息主要包括文本信息、图像信息、音频信息和视频信息。

1. 文本信息

包括数字、字母、汉字符号等,是最常见的一种媒体形式。在多媒体中,文本的呈现方式有多种类型、多种不同的效果。

2. 图像信息

图像信息是指用图像来表达和传递信息的形式。目前的图像信息大致可以分为两大类:一类为位图(图像);一类为描绘类、矢量类图像(图形)。前者是由称为像素(Pixel)的点构成的矩阵图;后者是由诸如直线、曲线、圆等以数学方法描述的一种由几何元素组成的图像。

图形文件的常用格式有:XF、PIF、SLD、DRW、PHIGS、GKS、IGS 等。图像可以用图像编辑处理软件获得,也可以用扫描仪扫描照片或图片获得。图像文件的常用格式有:BMP、GIF、JPEG、TIFF 等。

3. 音频信息

音频信息是指从声音录制并数字化后而得到的一种声音文件,属于听觉类媒体,多媒体计算机中只有经过数字化后的声音才能播放和处理,其形成过程称为声音采样,采样频率越高,录制的声音效果就越好。其文件格式有多种,常见的有波形(WAV)音频、乐器数字接口(MIDI)音频、光盘数字(CD-DA)音频等。

4. 视频信息

多媒体计算机上的数字视频是来自录像带、摄像机等模拟视频信号源，经过数字化处理，最后制作成为数字视频文件，即利用人的眼睛的视觉暂留原理，将一系列顺序排列的静态画面连续播放，从而产生动态效果，包括动画文件（由相互关联的若干帧静止图像所组成的图像序列）、影像文件（包含实时音频、视频信息的多媒体文件）等。数字视频文件格式有多种，常用格式有：AVI、GIF、MPG、FCI/FLC等。

第二节　多媒体信息检索技术

在前面的章节我们已提到多媒体信息检索的两种主要方式——基于文本的多媒体信息检索和基于内容的多媒体信息检索，其中，基于文本的多媒体信息检索技术（TBR）沿用了传统文本检索技术，从多媒体信息名称、尺寸、压缩类型、作者、年代等方面标引图像，一般以关键词形式的提问查询图像，或者是根据等级目录的形式浏览查找特定类目下的图像，从而将对多媒体信息检索转变成对上述关键词的检索，其本质类似于纯文本信息检索。

基于文本的多媒体信息检索技术实现原理相对简单，技术较为成熟，但难以全面表达多媒体信息的多维性。随着多媒体信息的广泛应用，以离散形式的信息存储为核心的关系数据库及其结构化查询语言检索的技术已不能有效地满足海量多媒体信息的新特点和要求，因而，人们开发了基于内容的多媒体信息检索技术，它的成熟和发展是海量多媒体信息资源得以高效、充分地获取和利用的技术支持。

本节主要介绍基于内容的多媒体信息检索技术（CBR）。

一、基于内容的多媒体信息检索

基于内容的多媒体信息检索（Content Based Retrieval，CBR）是对文本、图像、音频、视频等媒体对象进行内容语义分析和特征提取，并基于这些特征进行相似性匹配的信息检索技术，包括特征提取、特征分析、检索匹配三个基本步骤。

（1）特征提取

对文本、图像、音频、视频等媒体对象进行分析，从中抽取内容特征并进行量化，建立特征索引库。

（2）特征分析

将用户输入的特征提问转化成向量。

（3）特征匹配

与已有信息的向量空间进行相似度匹配。

二、多媒体信息检索的内容

基于内容的多媒体信息检索主要包括以下几个方面。

① 图像信息检索

图像信息检索主要从图像颜色、纹理及时空关系等方面匹配。

② 音频信息检索

音频信息检索主要是针对时域、频域、时频特征和音频片段等检索。

③ 视频信息检索

视频信息检索主要检索对象运动特征、颜色和光线变化等。

视频信息检索将在下一节具体介绍，此处介绍图像信息检索和音频信息检索的基本情况。

1. 图像信息检索

简单地说，图像信息检索一方面通过相关技术提取图像颜色、形状、纹理，以及对象空间关系等信息，建立图像的特征索引库，从图像中获得客观的视觉内容特征如颜色、纹理、形状等来判断图像之间的相似性。

目前，常见的图像检索工具有以下几种。

① QBIC

QBIC 是 IBM 公司于 20 世纪 90 年代开发制作的图像和动态景像检索系统，是第一个基于内容的商业化的图像检索系统，有多种的查询方式，主要包括：利用标准范图（系统自身提供）检索，色彩百分比和色彩位置两种颜色特征的分布检索，纹理特征检索和形状特征检索等。QBIC 除了上面的基于内容特性的检索，还辅以文本查询手段。

② RetrievalWare

RetrievalWare 是由 Excalibur 科技有限公司开发的一种基于内容的图像检索工具，提供 6 种图像属性的检索，分别是颜色、形状、纹理、颜色结构、亮度结构和纵横比。

③ Virage

Virage 是由 Virage 公司开发的基于内容的图像检索引擎，在支持基于色彩、颜色布局、纹理和结构等视觉特征的图像检索基础上，相继开发了图像管理开放式框架，将视觉特征分为通用特征（如颜色、纹理和形状）和领域相关特征（如用于人脸识别和癌细胞检测等）两类。此工具提供了四种可视属性检索，即颜色、成分、纹理和形状等。

④ Photobook

Photobook 由三个子系统组成，分别负责提取形状、纹理、面部特征，是美国麻省理工学院的多媒体实验室所开发的用于图像查询和浏览的交互工具。系统提供检索方法有基于形状、基于纹理和基于面部特征的图像检索。

⑤ VisualSEEK

VisualSEEK 是基于视觉特征的检索工具,WebSEEK 是一种面向 WWW 的文本或图像搜索引擎,由哥伦比亚大学开发的。系统利用颜色集和基于小波变换的纹理特征检索,同时支持基于视觉特征的查询和基于空间关系的查询。

此外,还有百度图片搜索(image.baidu.com)、谷歌图像搜索(images.google.com.hk)等。

2. 音频信息检索

音频信息检索的原理:选取音频的响度、音调、音强、带宽、音长和音色等特征予以量化,将音频信息的 N 个特征表示为 N 维向量,并将听觉属性对应到不同的向量空间;计算并存储每个属性在不同向量空间中的均值、方差、自相关度和音长,完成对音频信息的识别、分类和检索。如图 5.1 所示。

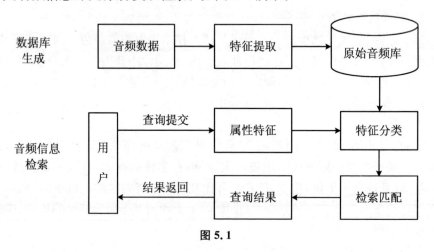

图 5.1

常见的音频检索工具主要有:

① 百度 MP3 搜索

http://mp3.baidu.com/。

② 雅虎 MP3 搜索

http://music.yahoo.com.cn/。

③ Sobit 音乐搜索引擎

http://www.chinadoremi.com/search/,采用即时搜索网络资源,目前共有歌曲数据 730 493 首,数据总量 1298.08 G。

④ MIDI 文件搜索引擎

MIDI Explorer,http://www.musicrobot.com/。

第三节　视频信息检索举要

基于内容的视频信息检索是当前多媒体信息检索的一个重要研究课题，它是建立在视频内容分析的基础上，所以常称之为基于内容的图像视频检索。其基本原理是针对视频这类非结构化数据，使用视频分割、语音识别、镜头检测、关键帧抽取、内容自动关联、视频库组织和索引等技术，以图像处理、模式识别、计算机视觉、图像理解等领域的知识为基础，从而实现特征提取、相似匹配及结果显示。本章节主要介绍一些有代表性的学术视频的检索方法。

一、IVLIB 国际数字视频图书馆

1. 资源概况

"IVLIB 国际数字视频图书馆"是北京智博联创教育科技公司制作的专业文献多媒体视频资源库，其中高校版包括 10 大频道、36 大系列、涉及 21 个学科的视频内容，节目主要来自于 Discovery 频道、美国国家地理频道以及欧洲的一些电视公司，以及凤凰卫视等。频道内容包括：

（1）探索频道

美国探索频道（Discovery Channel）是全球最具影响力的科学探索频道，内容涵盖自然、科技、古今历史、探险、文化和时事等领域。

（2）美国国家地理

美国国家地理（National Geographic）的内容包括高品质和精确的地理事实，融学术性和娱乐性于一体。

（3）凤凰卫视

凤凰卫视（Phoenix TV）以独特的视角、实时的资讯、精准的分析、清新的主持风格为全世界华人提供高质量的华语电视节目。

（4）科学·探秘

科学·探秘（Science Quest）从科学的角度出发，着力表现科学探秘的过程，融科学性和神秘性于一体。

（5）环游天下

环游天下（Around the world）包括探访自然，品味天下美食，知晓天下异国风情，感受历史文明，了解鲜为人知的历史故事等。

（6）视界

视界（EYES）包括生命之初、基因的演变等与人类生活及思想有关的问题。

(7) 国学天空

国学天空(Sinology Sky)的内容包括中国传统文化思想,包括孔子、孟子、老子、庄子、易经等名家、经典。

(8) 校园直播间

校园直播间(学校自建栏目)的内容包括校园时事,名师讲座,校园DV等。

(9) 电子杂志

近1000种在线电子杂志,实时更新。

(10) 影视频道

千余部经典的国内外优秀影片,给予人们全新的视觉感受。

该视频数据库有大量珍贵、高清、完整体系的纪录片、纪实片、访谈片以及学术讲座、教学实验实操场景等视频资源,均是具有较高收藏价值的影像资料。

2. 检索方式

IVLIB国际数字视频图书馆提供了基本检索和直接浏览两种检索方式。

(1) 基本检索

基本检索方式,直接输入视频的名称即可检索到相关的视频信息,如图5.2所示。

图 5.2

(2) 直接浏览

系统将所有视频信息分为六大类,即科普教育、爱国教育、国学鉴赏、经典动画、英语园地和世界之窗等,读者可以按此分类进行浏览相关视频信息。例如,选择"经典动画"后,我们会浏览到有趣的动画片,如图5.3所示。

第五章 多媒体信息检索

图 5.3

二、超星学术视频

1. 资源概况

超星学术视频是为高校、科研机构读者服务的教育和学术数据库,是学术传播的新媒体,汇集了海内外一流名家学者多年的学术精华,汇聚了海内外重点高校及各类科研院所知名学者的视频课程。截至 2010 年 5 月,参加拍摄的名师、专家学者已超过 1000 位,内容涉及哲学、文学、历史学、法学、经济学、理学、工学、医学等学科门类,所有选题和授课名师均由专业、权威的超星学术视频学术委员会精心策划和挑选,有力地保障了视频内容的权威性、学术性和前沿性。如图 5.4 所示。

2. 检索方式

超星学术视频提供基本检索与分类浏览两种检索方式。

(1) 基本检索

系统提供了全部字段、专题名、主讲人、主讲人单位检索途径。如图 5.5 所示。

(2) 分类浏览

系统提供了热门浏览学科门类和全部浏览学科门类,如图 5.6 所示。

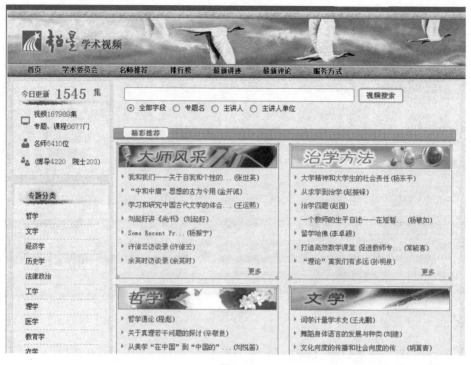

图 5.4

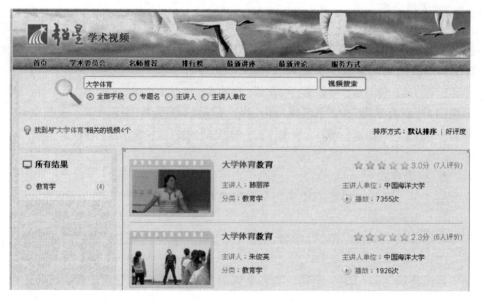

图 5.5

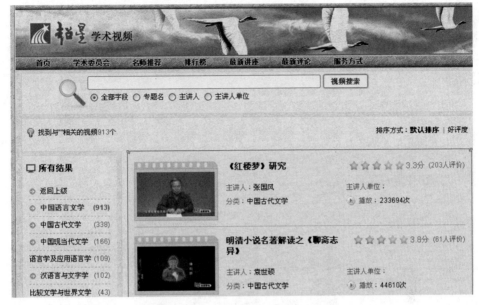

图 5.6

三、网上报告厅

1. 资源概况

北京爱迪科森教育科技股份有限公司成立于 2004 年,自成立开始就专心致力于视频文献信息资源的整合,以推进数字信息资源发展为宗旨,为我国的文化、教育和科研事业服务。其凭借自主研发的《网上报告厅》系统平台,与中央电视台、中共中央党校、国家行政学院、凤凰卫视、环球雅思等多家权威机构合作,针对高校、政府市场的不同需求推出《网上报告厅》、《就业培训数据库》、《环球外语视频数据库》、《干部教育在线平台》、《应急管理教学平台》等产品。

2. 检索方式

网上报告厅提供基本检索和复合检索两种检索方式。

(1) 基本检索

在检索框输入相关检索词,如图 5.7 所示。

(2) 复合检索

在基本检索的基础上提供多个检索框,可同时输入多个检索词,如图 5.8 所示。

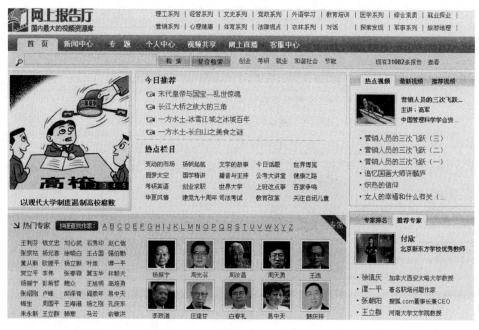

图 5.7

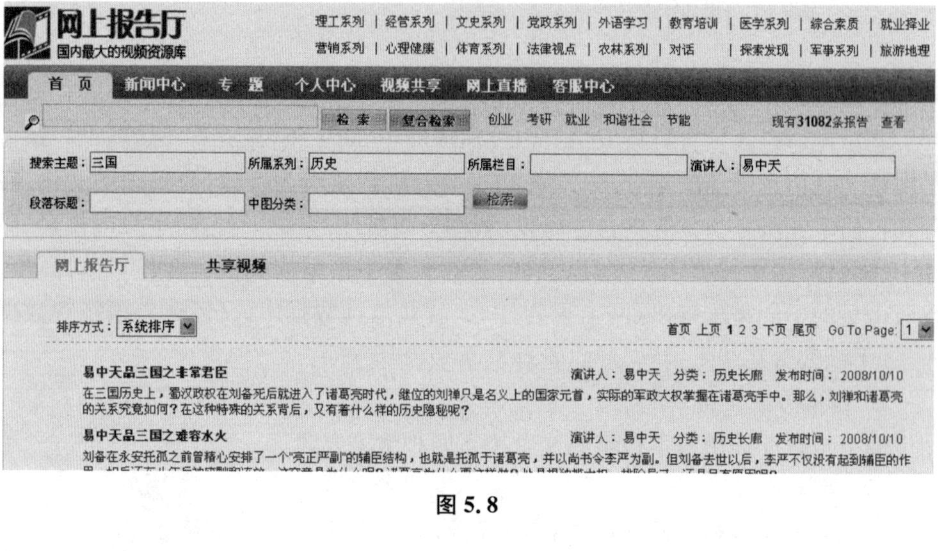

图 5.8

四、知识视界

1. 资源概况

知识视界(Video Library)视频数据库由武汉缘来文化传播有限责任公司(简称缘来文化)制作,该公司成立于2001年,先后与澳大利亚Classroom Video、德国

DW、加拿大 ACCESS、DISCOVERY 探索频道等国际科教节目制作中心建立合作，引进了大量优秀的科教片，现拥有科教影片约 10 000 小时。资源内容涉及自然科学、工程技术、医学保健、人文与社会科学等诸多领域。如图 5.9 所示。

图 5.9

2. 检索方式

系统提供了快速检索和高级检索方式，如图 5.10、图 5.11 所示。

图 5.10

图 5.11

五、JoVE 觉悟视频科学杂志

JoVE(Journal of Visualized Experiments)于 2006 年 10 月创刊,是第一本致力于以视频的方式展现生物学研究的期刊,其生物学实验的视频均拍摄于顶级学术机构的研究实验室,并被 MEDLINE 和 PubMed 索引收录。其全新的基于视频的科学出版方式使得实验研究更生动,能够更有效地传递知识信息。

JoVE 每月 1 期,每期 20 篇文章,平均每天更新一个视频,已出版 400 多个实验视频。覆盖学科包括:Neuroscience(神经科学)、Cellular Biology(细胞生物学)、Developmental Biology(发育生物学)、Immunology(免疫学)、Bioengineering(生物工程)、Plant Biology(植物生物学)等。实验内容主要来源于哈佛大学(Harvard)实验室、麻省理工学院(MIT)实验室、斯坦福大学(Stanford)实验室、耶鲁大学(Yale)实验室、加利福尼亚大学伯克利分校(UC Berkeley)实验室、哥伦比亚大学(Columbia)实验室以及其他著名学术研究机构。如图 5.12 所示。

六、其他视频搜索工具

① Google 视频搜索(英)
http://video.google.com/。
② Yahoo 视频搜索(英)
http://video.search.yahoo.com/,能搜索微软 windows media、苹果 quick-

time、realnetwork 的 real media 等多种格式的视频文件。

图 5.12

③ 百度视频搜索

http://video.baidu.com/，汇集几十个在线视频播放网站的视频资源而建立的庞大视频库。

④ AOL 视频搜索（英）

http://search.aol.com/aolcom/videohomeAOL，可以允许用户从时代华纳周刊获取超过 15 000 的包括音乐视频的原始授权视频，还有 cnn 和 msnbc 的新闻片断。

⑤ 百科视频

http://222.73.236.35:808/。

⑥ SOSO 视频搜索

http://video.soso.com/。

⑦ TVEyes 视频搜索（英）

http://www.tveyes.com/。

⑧ CCTV 视频搜索

http://search.cctv.com，提供中央电视台各频道电视节目片断。

第六章 网络信息资源的检索与利用

第一节 网络信息资源概述

网络信息资源(Network Information Resources),从广义上说,是指网络信息活动中所有要素的总和,包括与网络相关的信息内容、信息网络、信息系统、信息人才、信息技术以及相应的设备等;从狭义上说,指的是网络信息本身或信息内容,是指以数字化形式将文字、图像、声音、动画等多种形式的信息存储在磁性媒体、光学媒体等介质上,并通过网络通信、计算机或终端等方式再现出来的信息资源集合,它包括网络信息活动过程中所产生、获取、处理、存储、传输和使用的一切信息资源。

一、网络信息资源类型

网络信息资源浩如烟海,其类型划分目前还没有一致的标准,依据不同的标准,网络信息资源可分成不同的类型。

1. 按信息交流方式划分

按信息交流方式可将网络信息资源分为:非正式出版信息、半正式出版信息和正式出版信息。

① 非正式出版信息

非正式出版信息是指随意性较强的、信息质量难以保证和控制的动态性信息,如论坛、电子布告板、电子邮件、网络新闻等信息。

② 半正式出版信息

半正式出版信息又称为"灰色"信息,指受到一定的产权保护但没有纳入正式出版信息系统中的信息,如各种学术团体和教育机构、企业和商业部门、国际组织和政府机构等介绍、宣传自己或产品的描述性信息。

③ 正式出版信息

正式出版信息是指受到一定的产权保护、信息质量较为可靠且利用率较高的知识性、分析性信息,如电子图书、电子报刊、网络数据库等信息。

2. 按信息资源的传输或组织方式划分

按信息资源的传输或组织方式大致可分为:万维网(WWW)信息资源、FTP信息资源、Telnet信息资源、用户组信息资源、Gopher信息资源等。

(1) 万维网信息资源

WWW是环球信息网(World Wide Web)的缩写,也可以简称为Web,中文名字为"万维网"。从技术角度上说,WWW是Internet上那些支持WWW协议和超文本传输协议(Hypertext Transport Protocol,HTTP)的客户机与服务器的集合,通过它可以存取分布于因特网上不同地点的文字、图像、声音以及超文本信息,即Web信息资源,现已成为因特网信息资源的主流。

(2) FTP信息资源

FTP的全称是File Transfer Protocol(文件传输协议),其主要作用是允许因特网上的用户将一台计算机上的文件传输到另一台计算机上,实现程序或数据文件,如文本、图像、声音、多媒体、数据库数据信息的发送和接收。FTP信息资源是指在因特网上通过文件传输协议(FTP)所能利用的信息资源。

(3) Telnet信息资源

Telnet协议是TCP/IP(Transmission Control Protocol/Internet Protocol),传输控制协议/网际协议中的一员,是Internet远程登录服务的标准协议和主要方式,它为用户提供了在本地计算机上完成远程主机工作的能力。Telnet信息资源是指基于Telnet远程登录协议所能利用的信息资源,包括硬件资源和软件资源。许多机构都提供远程登录的信息系统,国内外有许多大学图书馆都通过Telnet对外提供联机检索服务,如图书馆的公共目录系统查询,一些研究院所或政府部门也向外开放他们的公用数据库,供用户通过菜单界面进行查阅。

(4) 用户组信息资源

用户组信息资源主要包括USENET/Newsgroup信息资源和LISTSERVE/Mailing List信息资源。USENET/Newsgroup信息资源(用户新闻网、新闻论坛)是一个包含成千上万讨论组的全球信息交流空间,用户可以发布公告、新闻及各种文章,组织讨论,还可以提出自己的问题以求得别人的帮助和解答。LISTSERVE/Mailing List又称为通信讨论组、邮件目录服务、邮件群等,是伴随着人们利用因特网的交流条件进行交流活动而产生的,是因特网特有的一类信息资源,主要功能是为有共同兴趣的一组用户建立一种关联和网上交流的空间。新闻组和通信讨论组成员往往针对某个感兴趣的问题在网上进行讨论,其讨论内容几乎覆盖了当今社会生活的各个方面的任何专题,如此多的信息汇聚,构成了一个巨大的信息库,成为网络上极具自由和开放性的资源。

(5) Gopher信息资源

Gopher是基于菜单驱动的互联网信息查询工具,可提供面向文本的信息查询服务。它的最大优点是通过菜单帮助用户自动检索不同类型的信息资源,使初学者在不知 Telnet 地址和 FTP 地址或不了解指令的情况下查询联机图书馆指南以及互联网络里的其他信息资源。

3. 按信息内容的表现形式划分

按信息内容的表现形式可分为:全文型信息、事实型信息、数值型信息、微内容、工具类信息和其他类信息等。

① 全文型信息

电子书、电子报刊、教材、政府出版物、学位论文、专利、标准全文、产品说明书、印刷型出版物的电子版、全文数据库,如中国学术期刊网络出版总库、万方数据资源系统、DIALOG 等。

② 事实型信息

天气预报、节目预告、火车车次、飞机航班、城市或景点介绍、工程实况、IP 地址等。

③ 数值型信息

主要是指各种类数据如科学数据、人口数据、商业数据等。

④ 微内容

博客、播客、BBS、聊天记录、邮件讨论组、网络新闻组等。

⑤ 工具类信息

目录、索引、搜索引擎、使用指南、导航等。

⑥ 其他类信息

图像图片信息、影视类、艺术类等各类声频、视频以及广告、网游等。

4. 按信息资源内容划分

按信息资源内容划分可分为:政府类、学术研究类、教育类、商业类、军事类、新闻类、生活娱乐类、社交类、广告类等。

从载体形式看,网络信息资源的主要有文本、图像、音频、视频四种形式。

二、网络信息资源的特点

与传统的信息资源相比,网络信息资源在数量、结构、分布和传播范围、载体形态、内涵、传递手段等方面都显示出新的特点,了解网络信息资源的特点,有助于人们对其进行利用,从信息资源检索的角度来讲,网络信息资源具有以下特点:

1. 信息数量庞大且增长迅速

随着计算机技术、通讯技术、网络技术以及社会各行各业的发展,网络信息资源正以飞快的速度传播并迅速增长。据 Data Center Knowledge 的统计和估算,目前全球运行的服务器数量超过了 7000 万台,其中 Google 拥有超过 100 万台的服务器,占到了全球服务器数量的约 2%。根据美国加州大学圣迭戈分校科学家公布的最新研究结果,全球服务器每年处理的商务相关信息量达到 9.57 ZB(即 1 万亿 GB)。也就是说,如果 9.57 ZB 的数据用一本本书来保存,这些书摞起来的厚度将达到 56 亿英里(约合 90 亿公里),即相当于从地球往返海王星一趟的距离。

中国互联网络信息中心(CNNIC)发布的《第 29 次中国互联网络发展状况统计报告》显示,截至 2011 年 12 月底,中国网站数量为 230 万个,中国网页数量达到 866 亿个,比 2010 年同期增长 44.3%。

2. 内容丰富且形式多样

因特网已经成为当代信息存储与传播的主要媒介之一,也是一个巨大的信息资源库。网络信息资源包括不同学科、不同领域、不同语言的各种信息;信息发布者既有政府部门、高等院校、科研院所、学术团体,又有行业协会、企业和个人。信息内容层次众多、品种多样,按信息加工程度不同形成一次信息、二次信息、三次信息;包含的文献类型从电子报刊、电子工具书、商业信息、新闻报道、书目数据库、文献信息索引到统计数据、图表、电子地图等,并以文本、图像、声频、视频、数据库、软件等多种形式存在,其多媒体界面可以通过网络的超链接直接得到与主题相关的其他资源,极大地丰富了信息内容的表现力。

3. 自由发布且交流直接

除了以往联机检索以及在图书馆工具书、检索刊物的基础上发展起来的数据库这些正式交流渠道发布的信息外,网络信息资源中更多的是非正式交流渠道发布的信息,类似于灰色文献的信息、还未成熟的观点、资料等。同时,因特网扩大了人际交流的空间,如新闻组、讨论组、邮件列表等,为用户提供了更多的直接传递和交流信息的机会。

4. 传播迅速且使用便捷

在网络环境下,信息的传递和反馈快速灵敏,具有动态性和实时性等特点。上传到网上的任何信息,只要具备一定条件,瞬间就可传递到世界各地的每一个角落。互联网提供了辐射全球范围的高速信息资源传输通道,特别是在采用了先进的传输模式后,信息资源的传输速度有了更大的突破,它解决了信息传输延迟所导致的服务滞后问题,使信息资源更加快捷地分配于各种应用领域。

同时,网络信息资源检索简单、快捷、方便,人们可通过网络终端随时随地获取,这就避免了其他媒体信息在查找时所受到的时间、空间等因素的限制。网络信息资源虽然以分布式数据库的形式存放在不同国家、不同地区的各种服务器上,但同时利用超文本链接,通过各种搜索引擎及检索系统可以使信息检索变得方便快捷。用户可以根据需要和已知信息任意选择检索方式与入口,进行自然语言检索、全文检索,方法简便易学。此外,很多网络信息资源可免费使用或只需要支付较低的费用,信息使用成本大大降低。

5. 信息传递具有交互性

交互性是网络的主要特点之一。网络信息资源一改以往普通的信息资源单向流动传递方式,具备同步与异步双向传递功能,用户在接收相关的信息后即可针对该信息提供反馈,网络用户既是网络信息资源的使用者又是网络信息的生产者。

6. 资源分布存在不均衡性

它表现为信息资源分布上的各种不同,包括在不同学科专业领域、不同行业、不同地理位置上的分布差异,数量和质量的差别也很大。

7. 资源共享程度高

在网络环境下,时间和空间范围得到了最大程度的延伸和扩展。一份信息资源上网后,不仅可以及时地提供给本地网络用户利用,而且可以使多个网络用户共享同一份信息资源。高度共享的特点使有限的信息资源最大限度地流向用户手中。

8. 信息动态性强

在网络环境下,信息具有高度动态性和较强的时效性,各种信息处在不断生产、更新、失效、增值的状态,它连接的网络、网站、网页也都处在变化之中,任何网站资源都有可能在短时间内建立、更新、更换地址甚至消失的可能,使得网上的信息资源瞬息万变。正如美国加州大学圣迭戈分校国际关系与太平洋研究学院教授罗格·鲍恩(Roger Bohn)在《信息量:2010年企业服务器信息报告》中所描述的:"大部分数据的存在都是转瞬即逝的:制造、使用和删除信息的全过程只有数秒钟,有人甚至连看都没看到。"

9. 信息的无序性与质量良莠不齐

由于网络的开放性、松散性,使得网络信息发布具有很大的自由度和随意性,加之,缺少统一的质量控制和管理机制,信息内容十分庞杂,正式出版信息与非正式出版信息交织在一起,商业信息、学术信息以及个人信息混为一体,动态新闻与稳定信息源同处一个界面,有用信息和毫无用处的垃圾信息混杂,甚至于还有不少有害的信息掺杂其中,可谓是良莠不齐。

目前,因特网主要通过TCP/IP协议将不同的网络连接起来的,对呈全球化分布结构的网络信息资源的组织管理尚无统一的标准和规范,不同的服务器采用不同的操作系统及数据结构,字符界面、图形界面、菜单方式、超文本方式等缺乏集中统一的管理体制。从整体上看,网络信息资源尚处于无序状态,信息安全和信息质量表现出不均衡性和难以控制性,给用户选择和利用信息带来极大不便,增大了信息资源管理和利用的难度。

信息资源作为一种重要的生产要素和无形资产,已成为当今社会的核心资源。网络信息资源是一种新型的信息资源,其内容范围覆盖社会科学、自然科学、人文科学和工程技术等各个领域,在人们学习、工作、生活中正发挥着越来越重要的作用。

第二节　网络信息资源检索

一、网络信息资源检索概述

网络信息资源的急速增长，使网络信息生产和利用之间的矛盾更加尖锐，一方面是网上存在大量的信息，另一方面是人们利用网络信息资源越来越困难。因此，要快速、准确、全面地获取网络信息，必须了解和掌握网络信息的检索技术和方法。

网络信息检索是指互联网用户在网络终端，通过特定的网络搜索工具或是通过浏览的方式，运用一定的网络信息检索技术与策略，从有序的网络信息资源集合中查找并获取所需信息的过程。网络信息检索是随着万维网信息资源的发展而发展的。网络信息资源检索是一种集各种新型检索技术于一体的，能够对各种类型、各种媒体的信息进行跨时间、跨地理检索的大综合应用。

网络信息检索与传统信息环境下的检索有很大的不同，网络信息检索具有的多样性、灵活性也远远超出了传统的信息检索。通过原来的传统途径可获得的信息，现在几乎全部可以通过网络检索得到，而且更快、更新、更准确。

网络信息检索技术是指应用信息检索过程的原理、方法、策略、设备条件和检索手段等因素的总称。关于网络信息检索技术，除了第一章已介绍的部分基本的检索技术，网络信息检索的技术还包括超文本检索(Hypertext Search)。

超文本(Hypertext)是一种包含多种页面元素(文字、图片、音频、视频)的高级文本，它以非线性方式记录和反映知识单元(结点)及其关系(链路)，具有表达方式多样性、直观性，显示方式动态性，以及人机交互性、灵活性等特点。

有别于传统的检索方式，超文本检索的实现主要是依赖"结点"和"链"来实现。检索文献时，结点间的多种链接关系可以动态地、选择性地激发，从而根据思维联想或信息的需要从一个结点跳到另一个结点，形成随着人们思维和需要的数据链，呈现出一种完全不同于传统的顺序检索方式的联想式检索。

由于超文本检索时其内容排列是非线性的，按照知识(信息)单元及其关系建立起知识结构网络，人们在操作时，用鼠标去点击相关的知识单元，检索便可追踪下去，进入下面各层菜单。允许用户在阅读过程中从其认为有意义的地方入口，直接快速地检索到所需要的目标信息。同时，超文本系统还可以作为一个独特的用户界面，将不同数据库的检索语言一体化，方便用户进行跨库检索。

在实际检索中，往往根据情况将多种检索技术混合使用。

二、网络信息资源检索的一般方法

1. 利用 URL 直接访问

URL(Uniform Resource Locator,统一资源定位符),也被称为网页地址,是因特网上标准的资源地址。一般格式为:〈通讯协议〉://〈主机 IP 地址或域名〉/路径/文件名。

URL 可以将世界上所有的联机信息资源组织成有序结构。它由三部分组成:

第一部分是协议(或称服务方式),大部分 Internet 文档用 http,其他常用的协议有 FTP、News、Gopher、Telnet 等,以"http://"开头表示超文本传输协议。

第二部分是存有该资源的主机 IP 地址。

第三部分是主机资源的具体地址。

Internet 中每台计算机的域名结构为:主机名、机构名、网络名、最高层域名。域名是由有规律的英文单词组成的,便于记忆。在 Internet 的域名系统中最高层域名有三种:

第一类为国别域名,由两个英文字母组成,如:".CN(中国)"、".JP(日本)"、".US(美国)"、".UK(英国)"、".CA(加拿大)"。

第二类为国际域名,现只有一个".INT"代表国际组织。

第三类为通用域名,目前常用的有以下 13 个:

.net——网络服务机构; .edu——教育部门; .web——web 服务机构; .arts——文化娱乐部门; .info——信息部门; .rec——娱乐机构; .org——非赢利机构; .store——销售部门; .firm——公司企业; .gov——政府部门; .com——商业机构; .mil——军事部门; .nom——个人。

中国的域名注册由国务院信息化工作领导小组办公室授权中国互联网络信息中心(CNNIC)负责办理。

2. 基于目录的信息查询

为了帮助 Internet 上用户方便地查询到所需要的信息,人们按照图书馆管理书目的方法设置了相关目录。网络资源目录又称为分类站点目录、主题指南或站点导航等,是将网络信息资源搜集后,按照某种分类法进行整理,并和检索法集成在一起的检索工具。分类目录能够较好地满足人们经常从学科、专业角度系统性查阅文献信息需求,并在揭示信息内容方面,专指性更高。网络目录一般采用人工方式和机器自动处理方式结合进行,大部分资源可免费获取。如雅虎(Yahoo!)首创的主题分类目录,它把主题按其性质分门别类,搜索者根据搜索课题的主题属性逐层逐级查找,直到找到与搜索课题的主题相符合的网页。人们还可以通过图书馆员筛选、建立并维护的主题目录查找网络信息资源。如 ipl2(互联网公共图书馆与图书馆员网络索引),目前有超过 20 000 个条目,分为 14 个主要主题和近 300

个分主题。每个条目包含一个简短描述信息的网站。用户输入检索词"environment and databases",就可找到普通搜索引擎无法索引的有关环境科学方面的数据库资源,如图 6.1 所示。

图 6.1

3. 基于搜索引擎的信息查询

网络信息检索工具,为网上查询信息提供了诸多途径。查询不同类型的资源可使用不同类型的检索工具,其中,搜索引擎是常用的、重要的网络信息检索工具。

搜索引擎(Search Engine)是指根据一定的策略、运用特定的计算机程序从互联网上搜集信息,在对信息进行组织和处理后,将用户检索相关的信息展示给用户,为用户提供检索服务的系统。百度和谷歌等是搜索引擎的代表。基于搜索工具的检索方法接近于我们通常所熟悉的检索方式,即输入检索词以及各检索词之间的逻辑关系,然后检索软件根据输入信息在索引库中搜索,获得检索结果(在 Internet 上是一系列节点地址)并输出给用户。搜索引擎既是用于检索的软件又是提供查询、检索的网站。所以,搜索引擎也可称为 Internet 上具有检索功能的网页。

(1) 搜索引擎的工作原理

搜索引擎的工作原理,如图 6.2 所示。

搜索引擎一般采用的是信息自动跟踪标引等技术,由网上机器人(Spider 或 Robot)自动在网页上按某种策略进行远程数据的搜索与获取,并生成本地索引,从而创建出一个详尽的网络目录。由于网络文档的不断变化,机器人也不断地把以前已经分类组织的目录更新。在进行信息分类整理阶段,不同的搜索引擎会在搜索结果的数量和质量上产生明显的差异。有的搜索引擎会记录下每一页的所有文本内容,并收入到数据库中从而形成全文搜索引擎;而另一些搜索引擎只记录网页的地址、篇名、段落和重要的词。故有的搜索引擎索引数据库很大,而有的则较小。当然,最重要的是数据库的内容必须经常更新索引,保持与信息世界的发展同步。比较著名的搜索引擎有:百度、Google、AltaVista、Dogpile、Infoseek、天网等。

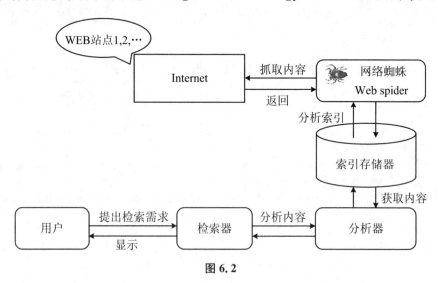

图 6.2

（2）搜索引擎的种类

一般来说,按检索机制划分,搜索引擎可分为目录型搜索引擎、网页型搜索引擎、混合型搜索引擎和多元搜索引擎等四种。

① 目录型搜索引擎

这类引擎将信息系统地分门归类,从严格意义上算不上真正的搜索引擎,而是经过人工整理后形成庞大而有序的分类目录体系,用户可以在目录体系的导引下通过逐级浏览,发现、检索到有关信息,如 Yahoo、LookSmart 等。

② 网页型搜索引擎

它使用自动索引软件来发现、收集并标引网页,建立数据库,以 Web 形式让用户找到所需信息资源。比较著名的有:AltaVista、Google、天网、百度、悠游等。

③ 混合型搜索引擎

它兼有网页型和目录型两种方式,如:新浪、搜狐、网易等门户网站。

④ 多元搜索引擎

也称集合型搜索引擎,它是将多个搜索引擎集成在一起,通过统一的检索界面进行网络信息多元搜索的检索工具,如 Dogpile、Mamma、万维搜索等。

（3）搜索引擎的一般查询规则

用搜索引擎既可以检索出 Internet 上的文献信息,还可以查找到公司和个人的信息；既可以通过输入单词、词组或短语进行检索，还可以使用逻辑算符及位置算符等对多个词进行组合检索；既可以以词语查询有关主题的页面信息，也可以以特定的域名、主机名、URL 等查找有关的网站信息。

每个搜索引擎所采用的查询规则又不尽相同，常用的一般查询规则：

① 布尔逻辑算符

通过逻辑"与"、"或"、"非"，表达检索词之间关系，构造检索式。

② 连接符

连接符有加号（＋）和减号（－）。

a. 在检索词前使用"＋"时，表示所有检索结果的页面中都必须包含该词。例如：

检索式"A＋B"，表示查得的页面中应同时出现"A"和"B"方面的信息。

b. 检索词前使用"－"时，表示任何检索结果的页面中都不能包含该词。例如：

检索式"microwave－ceramic"，则表示查找关于 microwave 的页面，但排除那些和 ceramic 有关的页面。

③ 截词符

截词符一般用星号（＊）表示。当"＊"置于一个词的末尾时，表示将相同词干的词全部检索出来。例如：检索式"compu＊"，则表示可以检索到 computer、computing、compulsion 等词。有一些搜索引擎支持自动截词，用户不需要专门输入截词符，系统自动将相同词干的词全部找出来。

注意："＊"不能用在检索词的开始和中间。

④ 邻近符

邻近符（NEAR）用于检索在一定区域范围内同时出现的检索词的文献，它指定了检索词之间的距离。用 NEAR/n（n 为 1，2，3…）精确控制检索词之间的距离，表示检索词的间距最大不超过 n 个单词。例如：检索式"Computer near/10 Network"，可查找出 Computer 和 Network 两词之间插入不大于 10 个单词的文献，检索结果输出时，间隔越小的排列位置越靠前。

⑤ 精确匹配检索

除可以利用前面提到的逻辑算符缩小查询范围外，还可使用双引号（""）实现精确查询。

⑥ 区分大小写

这是检索英文信息时要注意的一个问题，许多英文搜索引擎区分大小写。

三、搜索引擎检索举要

1. Google 搜索

（1）概述

Google 开发出了世界上最大的搜索引擎，即 Google 搜索，（http://www.google.com.hk/），提供了最便捷的网上信息查询方法，支持多达 132 种语言选择，提供 40 多亿个搜索网页，涵盖内容齐全、搜索速度快、结果命中率高。智能化的"手气不错"功能提供可能最符合要求的检索结果，同时，"网页快照"功能则能从 Google 服务器里直接取出缓存的网页。

（2）检索方式

① 基本检索

逻辑"与"：检索框中的两个关键词之间用空格隔开，则默认为是"AND"连接（"与"运算），如图 6.3 所示。

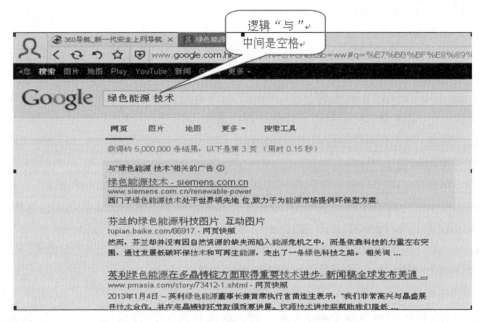

图 6.3

逻辑"非"：用"－"（减号）表示，同时要求在减号前保留一个空格，如图 6.4 所示。

逻辑"或"：用"OR"表示。

此外，双引号、斜线、问号、等号、省略号都可以作为短语的连接符号查找名言或专有名词。

第六章　网络信息资源的检索与利用

图 6.4

② 字段限定检索

site：限定在某个特定的域或站点中进行检索。命令格式：检索词 site：域名。

示例：要搜索北京师范大学文学社的信息。检索式：文学社 site：bnu．edu．cn，如图 6.5 所示。

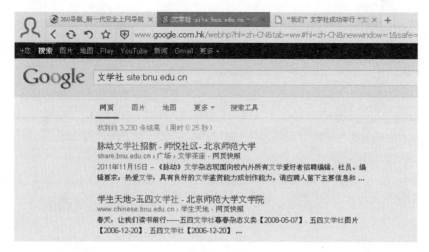

图 6.5

filetype:用来限定命中文件的类型。命令格式:filetype:文件类型检索词。
例如:检索式：filetype:ppt 信息技术,如图 6.6 所示。

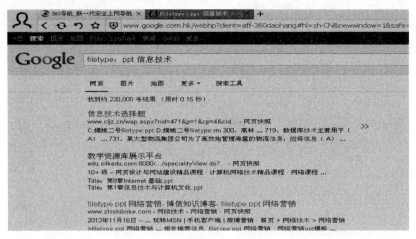

图 6.6

③ 高级搜索

对于某些复杂的搜索,为了更好地控制显示的搜索结果,以获得更精确、更实用的搜索结果,我们可以尝试使用高级搜索。Google 高级检索具有限定网域(排除某个特定站点的网页)、限定语种(对检索结果页面的语言类型进行限制)、限定日期(限定检索结果的时间范围以及字词位置限定、限定关键词出现的位置)等功能,如图 6.7 所示。

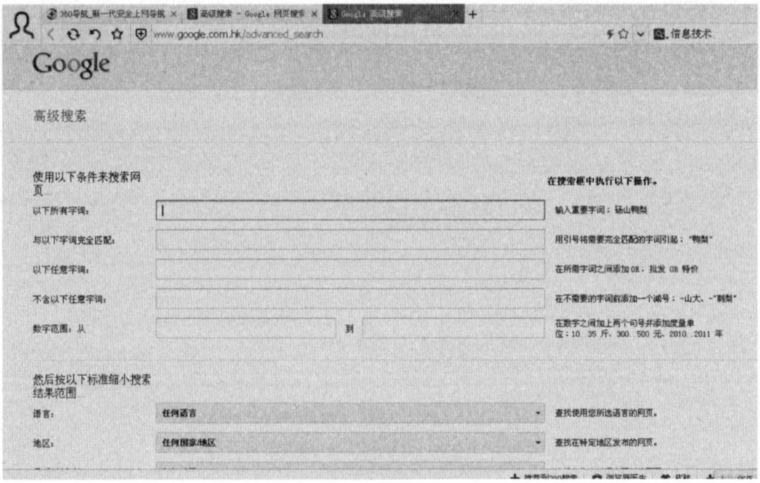

图 6.7

(3) Google 的学术搜索

Google 学术搜索可提供广泛搜索学术文献的简便方法,帮助用户可以搜索众多学科资料，包括来自学术著作出版商、专业性社团、预印本、各大学及其他学术组织的经同行评论的文章、论文、图书、摘要和文章等，还可帮助用户在整个学术领域中确定相关性最强的研究。跟 Google Web 搜索一样，最有价值的参考信息会显示在页面顶部，并考虑到每篇文章的完整文本、作者、刊登文章的出版物以及文章被其他学术文献引用的频率。如检索"绿色能源"，如图 6.8 所示。

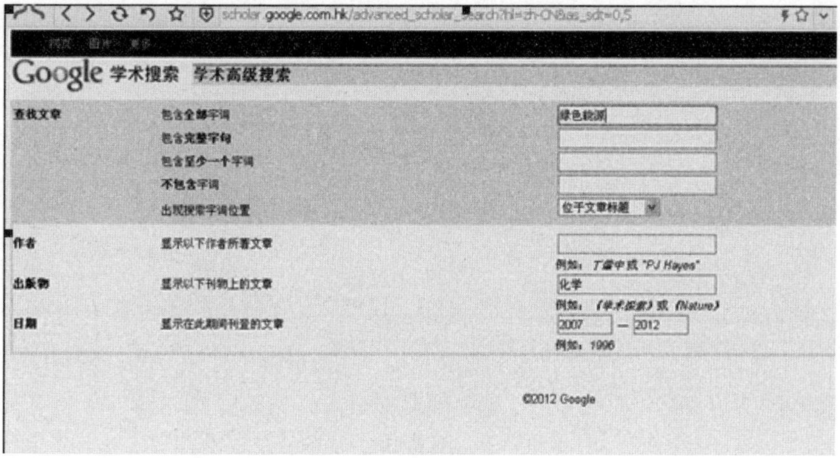

图 6.8

所检索得到结果如图 6.9 所示。

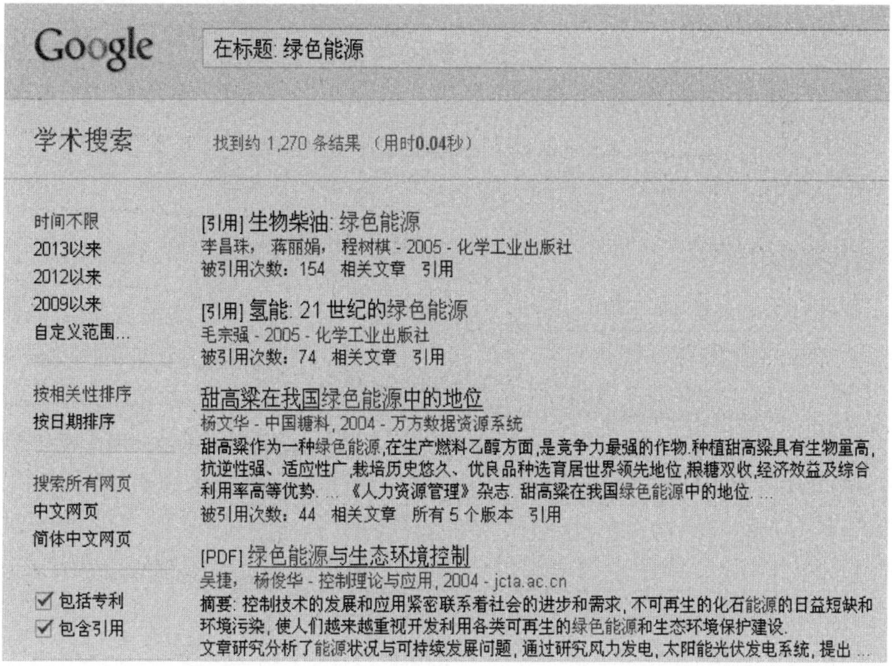

图 6.9

此外，Google 还优化了图片搜索、视频搜索功能，增加了移动操作系统等新功能，如图 6.10 所示。

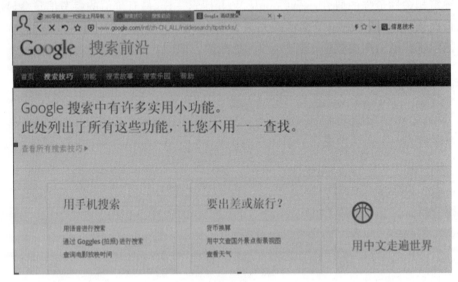

图 6.10

(4) 使用 Google 应注意的问题

a. Google 对检索词要求"一字不差"，因此要注意尽可能的试用不同的关键词。

b. Google 对通配符的支持有限，不使用词干法和截词法，只搜索与输入的关键词完全一样的字词。通配符只能用"＊"代替单个字符，而且必须将检索词用引号引起来。

c. Google 不区分英文字母的大小写，所有字母均作小写对待。

2. 百度搜索

(1) 概述

百度（Nasdaq 简称：BIDU, http：//www.baidu.com）是全球最大的中文搜索引擎及中文网站。2000 年 1 月创立于北京中关村。"百度"二字源于中国宋朝词人辛弃疾的《青玉案·元夕》词句"众里寻他千百度"，象征着百度对中文信息检索技术的执著追求。从创立之初，百度公司秉承"以用户为导向"的理念，不断坚持技术创新，致力于为用户提供"简单，可依赖"的互联网搜索产品及服务，其中包括：以网络搜索为主的功能性搜索，以贴吧为主的社区搜索，针对各区域、行业所需的垂直搜索、MP3 搜索以及门户频道等，几乎覆盖了中文网络世界所有的搜索需求。

百度的字段限定检索同 Google 搜索相似，提供逻辑与、或、非检索，多个关键词之间留一个空格，系统默认为逻辑"与"检索。百度搜索主要特性：

a. 智能相关度算法，能够客观分析网页所包含的信息，从而最大限度保证了检索结果相关性。

b. 运用多线程技术、高效的搜索算法,大大缩短了检索的响应时间。

c. 检索结果能标示丰富的网页属性,并采用先进的网页动态摘要显示技术,帮助用户判断是否需要阅读原文。

d. 支持二次检索(又称渐进检索或逼进检索),可逐步缩小查找范围,直至达到最小、最准确的结果,极大地提高了搜索的准确性和查全率。

e. 检索结果支持多种输出方式,提高了用户检索效率。

f. 采用百度快照,巧妙解决了搜索用户经常遇到的死链接问题。

g. 支持多种高级检索语法,使用户查询效率更高、结果更准。

h. 可扩展的搜索技术保证了更快更多地收集网络信息。

(2) 检索方式

① 网页搜索

百度搜索简单方便,只需要在搜索框内输入需要查询的内容,就可以得到符合查询需求的网页内容。如在检索框中输入"分子仿生",如图 6.11 所示。

② 相关搜索

提示相关检索词,帮助用户查找更相关的结果。如果该用户的搜索结果效果不佳,可以参考这些相关搜索,如图 6.11 所示,"分子仿生"的相关搜索词有仿生人、仿生机器人、仿生学,可以根据相关检索词进行搜索。

图 6.11

③ 专业文档搜索

很多有价值的资料,在互联网上并非是普通的网页,而是以 Word、PowerPoint、PDF 等格式存在。百度支持对 Office 文档包括 Word、Excel、Powerpoint、Adobe PDF 文档、RTF 文档的全文搜索。要搜索这类文档,用户可以直接登录百度文库搜索(http://wenku.baidu.com/)各类专业文档;也可在搜索的关键词后面加一个"filetype:"文档类型限定。"filetype:"可以后加以下文件格式:DOC、XLS、PPT、PDF、RTF、ALL。其中,ALL 包含所有文件类型。

例如,查找仿生学方面的文章。用"仿生学 filetype:doc"进行检索,也可以点击标题后的"HTML 版"快速查看该文档的网页格式内容,如图 6.12 所示。

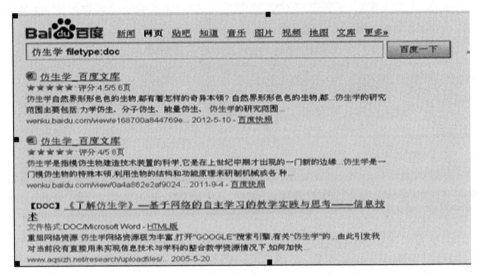

图 6.12

④ 高级搜索

a. 把搜索范围限定在网页标题中(Intitle)。网页标题通常是对网页内容提纲挈领式的归纳。把查询内容范围限定在网页标题中,有时能获得良好的效果。

例如,找树袋熊的习性,可以这样查询:树袋熊 intitle:习性,如图 6.13 所示。

注意:intitle:和后面的关键词之间不要有空格。

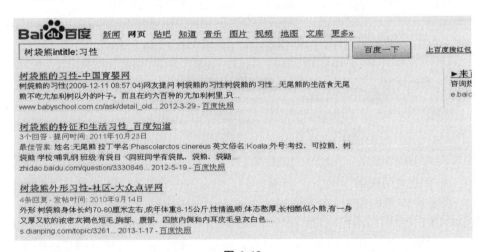

图 6.13

b. 把搜索范围限定在特定站点中(Site)。如果知道某个站点中有自己需要找的东西,就可以把搜索范围限定在这个站点中,提高查询效率。使用的方式是在查询内容的后面加上"site:站点域名"。

注意:"site:"后面跟的站点域名不要带"http://";另外,site:和站点名之间不要加空格。

c. 把搜索范围限定在 url 链接中(Inurl)。网页 url 中的某些信息,常常有某种有价值的含义。如果对搜索结果的 url 做某种限定,就可获得较好的检索效果。

例如,查找 photoshop 的使用技巧的信息,可以这样查询:photoshop inurl:jiqiao,如图 6.14 所示。

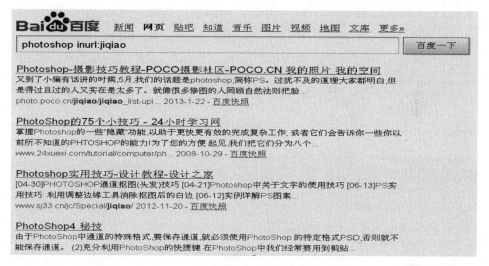

图 6.14

上面这个查询串中的"photoshop",是可以出现在网页的任何位置,而"jiqiao"则必须出现在网页 url 中。

注意:inurl:语法和后面所加的关键词不要有空格。

d. 精确匹配(双引号和书名号)。如果输入的查询词很长,百度在经过分析后,给出的搜索结果中的查询词可能是拆分的;如果给查询词加上双引号,就可以让百度不拆分查询词。

书名号是百度独有的一个特殊查询语法。在其他搜索引擎中,书名号会被忽略,而在百度,中文书名号是可被查询的。加上书名号的查询词,有两层特殊功能:一是书名号会出现在搜索结果中;二是被书名号扩起来的内容不会被拆分。书名号在某些情况下特别有效果,例如,查名字很通俗和常用的那些电影或者小说。比如查电影"手机",如果不加书名号,很多情况下出来的是通信工具——手机,而加上书名号后,检索结果就都是关于电影、电视剧、小说方面的了。

如图 6.15 所示,是不加书名号的"正能量"检索结果;如图 6.16 所示,是加书名号的"《正能量》"的检索结果。

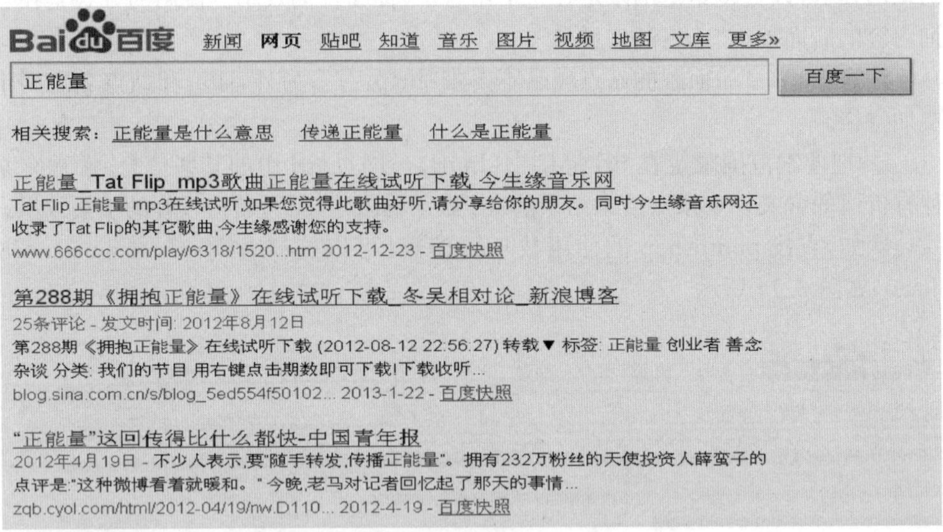

图 6.15

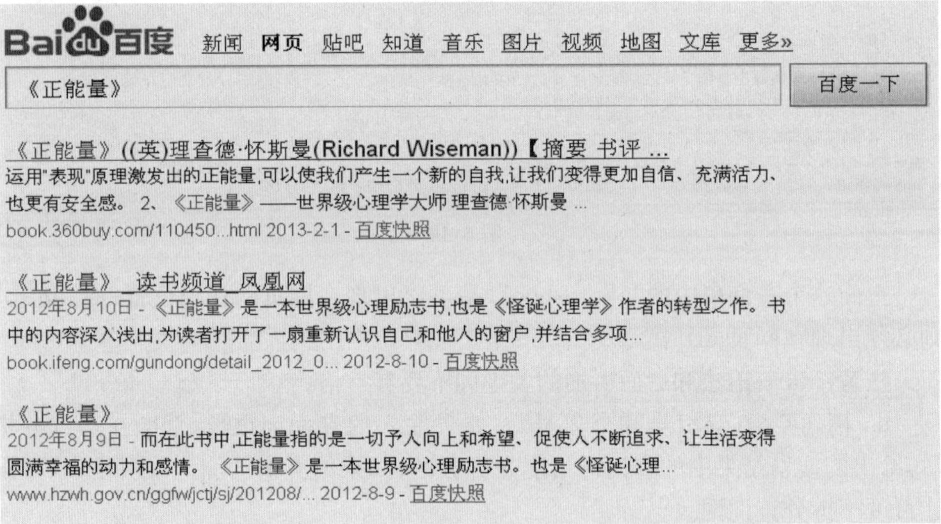

图 6.16

e. 要求搜索结果中不含特定查询词。用减号语法,去除含有特定关键词的网页。

例如,查找关于近现代武侠小说方面的信息不要古代的。那么就可以这样查询:武侠小说 -古代,如图 6.17 所示。

注意:前一个关键词和减号之间必须有空格,否则,减号会被当成连字符处理,而失去减号语法功能。减号和后一个关键词之间有无空格均可。

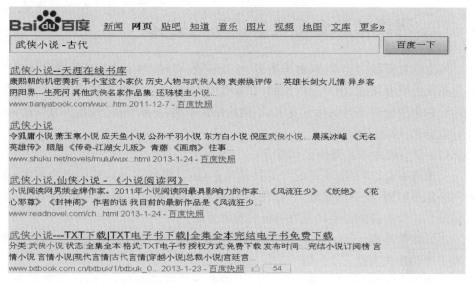

图 6.17

3. 多元型搜索引擎

多元型搜索引擎可同时检索多个数据库,再经过聚合、去重后输出检索结果。

（1）Mamma

Mamma(http://www.mamma.com)是并行式搜索引擎,可同时调用 7 个最常用的独立搜索引擎,其特点是检索界面友好,检索选项丰富。

（2）Ixquick

Ixquick(https://www.ixquick.com/)是全球最大的后搜索引擎。所谓后搜索引擎就是对众多流行搜索引擎的搜索结果进行归纳整理。Ixquick 最大优点是支持包括中文在内的 18 种语言检索。

（3）Dogpile

Dogpile(http://www.dogpile.com)是目前性能较好的统一检索入口式搜索引擎,集成了 20 多个不同类型的搜索引擎,按照检索对象将这些检索工具分成 Web 页、图像、FTP 文件、新闻组、多媒体等类型。Dogpile 为用户提供了较为全面的检索功能,其检索结果更易于浏览。系统支持的运算功能与运算符主要有: AND,+;OR;NOT,－;词组短语(用双引号)。

（4）MetaCrawler

MetaCrawler(http://www.metacrawler.com)是因特网上最有影响的多元搜索引擎之一,也是最典型的综合型集成搜索引擎,能分门别类地对许多专门搜索引擎进行并行检索,包括教育、财经、娱乐、体育、健康等方面。

（5）360 综合搜索

360 综合搜索(http://hao.360.cn/so/)通过一个统一的用户界面帮助检索者

在多个搜索引擎中选择和利用合适的搜索引擎来完成检索操作。

四、网络信息资源检索结果的优化

网络信息资源内容丰富、种类繁多、更新频繁,同时,网上的信息检索系统有着各自不同的服务功能,用户在检索时,如果选用不恰当,往往会事倍功半。因此,在实际检索中应针对不同的检索要求、不同的检索系统,不断调整、完善检索策略,优化检索结果,应注意以下几点:

(1) 分类检索与主题检索相结合

分类搜索是以科学、实用的分类目录为工具,以规范化的自然语言为类名,在对网络信息归纳、概括的基础上,以网站为单元,提供经过专家评价和人工整序的网络信息。分类搜索是突出族性特征的检索方法。

主题检索是指从某一技术主题对信息进行查找,其检索的结果是找出含有该技术主题的相关文献。

这两种方法各有所长,在实际应用中应充分发挥各自的优点,使之结合起来,扬长避短,融为一体,增强和拓展搜索功能。

(2) 尽量采取基于内容的信息检索方式

互联网上拥有海量的多媒体信息资源,只有充分利用基于内容的多媒体检索技术,才能深度挖掘海量资源库中有价值的信息资源。

(3) 采用全文本与超文本检索技术

全文本检索是指以全部文本信息作为检索对象的一种信息检索技术。与其他检索系统相比,全文本检索允许对原始文献中的任何章节、段落、句子、词或字进行检索,提供了极高的标引深度,其查全率高于一般的计算机检索系统。

超文本检索以信息单元为节点,通过节点之间的链接为用户提供了将"声、图、文"结合在一起、综合表达信息的强有力手段。用户在阅读过程中,从其认为有意义的地方入口,直接快速地检索到所需要的目标信息。超文本检索现已成为网络上最重要的信息组织形式和检索方式。

(4) 选择合适的搜索引擎

搜索引擎在查询范围、检索功能等方面各具特色,不同目的的检索应选用不同的搜索引擎。

(5) 构造恰当的检索表达式

在检索表达式的构造中,除了布尔逻辑算符外,还可以选用位置算符、截词检索或字段限制等方式。

(6) 选用准确的关键词

检索词是表达用户需求和检索课题内容的基本元素,对检索词的不同选择显然会有不同的检索结果,以致影响检索效率的高低。

在检索中,用户经常会遇到两种情况:一是检索主题范围太宽,过多无关信息混杂其中,需要大量的时间去筛选密切相关的信息;二是检索主题专指度过高,检索效果命中率很低,有时甚至没有。因此,我们在选择检索词要遵循两个基本原则:一是要根据检索课题所涉及的学科专业和内容选词,找出确切的主题概念作为检索词进行检索,避免使用普通词和泛指概念;二是要适当使用同义词、近义词作为检索词,或使用截词检索,以尽可能全面覆盖检索范围,以此增加命中文献的数量。

(7) 利用进阶检索功能,精确查询信息内容

进阶检索是指在前一次检索的结果中进行二次查找,逐步缩小检索范围。

如通过进阶检索语法来限定检索结果:利用双引号来查询完全符合检索词的网站;利用"+"来限定检索词一定要出现在结果中;利用"-"限定检索词一定不要出现在结果中。为了提高检索的精确度,检索时应尽量用进阶检索语法来检索,这样可以得到更精确的检索结果。

第七章 数字信息资源的综合利用

数字信息资源的综合利用是指在掌握各类型数字信息资源特点及基本检索方法的基础上,将蕴藏在其中有价值的数字知识信息挖掘出来,发挥其作用,使其成为具有价值的社会物质财富或精神财富。本章以科技论文撰写为例,介绍数字信息资源的搜集整理以及应用于科技论文写作过程。

第一节 科技论文写作

一、科技论文概述

1. 科技论文的特征

科技论文是人们在科学研究(或科学实验)的基础上,对研究领域的现象或问题进行分析、总结或创新得到的结果或观点,按照科技期刊的撰写要求所做的电子或书面表达形式。具体地说,科技论文是某一学术课题在实验性、理论性上的科学记录、研究成果或创新见解;或是某种已知原理应用于实际取得新进展的科学总结。科技论文应提供新的科技信息,其内容应具有新颖性,而不是简单重复、模仿、抄袭前人的工作成果,具体来说应具有以下几个基本特征。

(1) 科学性

科学性是指科技论文的选题必须有一定的理论依据和科学的事实根据;涉及科学和技术领域的命题、论述的内容具有科学可信性;必须根据足够的和可靠的实验数据或现象观察作为立论基础;结论能经得起实践检验。科学性是科学论文的生命。

(2) 学术性

学术性是科技论文的主要特征,它以学术成果为表述对象,以学术见解为论文核心,在科学实验(或试验)的前提下阐述学术成果和学术见解,揭示事物发展、变化的客观规律,探索科技领域中的客观真理,推动科学技术的发展。学术性是否强是衡量科技论文价值的标准,是科技论文区别于其他文体的本质特征。

(3) 新颖性

所谓新颖性是指科技论文的内容、研究方法和研究材料是前人所未有的。创新性是衡量科技论文是否有价值的根本标准。要求科技论文必须做到有所发现、有所发明、有所创造而不是对前人工作的复述、模仿或解释。1979年诺贝尔物理奖获得者、美国哈佛大学教授温伯格认为：科学家的第一素质就是"进攻性"，不要安于书本上的答案，要去尝试发现与书本不同的东西，发明世界上还没有的东西。

(4) 规范性

要求科技论文脉络清晰、结构严谨、符号规范、文字通顺、图表精致、推断合理、自成系统。

(5) 有效性

要求科技论文所揭示的事实及其原理能方便地为他人所应用，成为人类知识宝库中的一个组成部分。

科技论文的写作是科学研究工作者不可缺少的基本素养。

2. 科技论文的类型

按照研究层次和研究内容的表述形式，科技论文一般分为理论性、应用性、调查性、实验报告和综述性五种类型，这五种形式有时彼此交叉、互相渗透。

(1) 理论性论文

理论性论文是基础理论性研究成果的表达形式，即根据已有的研究文献来建构理论。其特征是具有抽象性。理论型科技论文的核心是理论证明和理论分析。理论型论文运用研究方法是理论证明、理论分析、数学推理，用这些研究方法获得研究成果。

(2) 应用性论文

将已有的理论应用于实际中而取得的科学进展，或运用基础理论知识，研究社会实践中的具体问题而形成的研究成果，其特点是具有明确的目的性和针对性。

(3) 调查性论文

调查性论文是利用实证研究方法，通过对社会现象、客观事物以及文献资料的调查所获得的资料进行整理研究而形成的科技成果。主要特征是所记载的材料、数据的真实性、全面性以及对事实材料所作的理论概括的深度。

(4) 实验报告

实验报告是某一课题在实验上的进展记录，根据一定的实验目的和要求，进行实验，把实验的目的、方法、过程、结果等记录下来，经过整理而写成的书面汇报，其主要用途在于帮助实验者积累研究资料，总结研究成果。

(5) 综述性论文

综合反映出某一专题、某一领域在一定时期内的研究工作进展情况。对某学科领域的发展状况、研究现状、发展趋势等进行资料收集、整理、分析研究得到的成果形式。

按照写作目的的不同,科技论文可分学术论文和学位论文两类。

学术论文是指研究人员提供给学术性期刊发表或向学术会议提交的论文,它以报道学术研究成果为主要内容。学术性论文反映了该学科领域最新的、最前沿的科学技术水平和发展动向,对科学技术事业的发展起重要的推动作用。这类论文应具有新的观点、新的分析方法和新的数据或结论。

学位论文是为了申请相应学位,以表达作者的研究成果,体现作者的科研能力所撰写的论文。学位论文根据所申请的学位不同,又可分为学士论文、硕士论文、博士论文三种。学位论文要经过考核和答辩,因此,无论是论述还是文献综述,内容都要比较详尽。

按照研究领域不同,科技论文又可分自然科学学术论文与工程技术学术论文两大类,这两类论文的文本结构具有共性,而且均具有长期使用和参考的价值。

二、科技论文的写作准备

科技论文的写作准备一般来说包括以下几个方面:选题、材料收集和科技论文结构设计三个方面。

1. 科技论文的选题原则

科技论文的题目,又称题名,即以最恰当、最简明的词语反映论文中最重要的特定内容的逻辑组合。英国科学家贝尔纳指出:"一般来说,提出课题比解决课题更困难。"爱因斯坦也曾说过:"提出一个问题往往比解决一个问题更重要。"题目之于一篇论文,就像额头、眼睛之于人。因此,选题十分重要。

选题的原则一般应体现为现实适用性、学术价值性和可行性。

现实适用性是指要针对学科发展和社会发展的实际需要进行论文选题。

学术价值性要求选题在学科发展中应是具有重要意义、迫切需要解决并能够写出新意的问题。

可行性是指完成所选课题应具备的主体条件和客体条件。主体条件即对所选课题的理论掌握程度,客体条件主要指研究必备的文献资料、设备、工具等各种物质手段。

2. 资料的整理与分析

经过各种途径收集来的资料,还要考虑是否能直接利用,需要进行质和量的分析,需要经过选择和整理。一般包括两个环节:审核过程和分类整理过程。

(1) 审核

要对搜集来的资料作可靠性、新颖性、适用性和典型性的判断。

(2) 分类整理

将选择后的文献资料根据课题内容的需要进行分类、分析、比较,形成一个有序的信息集合。通常是按照一定的标准进行分类,如对某一课题资料按历史线索分类,或按不同的观点分类,或按研究的问题的性质分类。

三、科技论文的结构

科技论文一般来说包括题名、署名、摘要、关键词、分类号、引言、正文、结论、致谢、参考文献和附录等部分。分为三大部分,前置部分、正文部分和附录部分。

1. 前置部分

科技论文的前置部分包括题名、署名、摘要、关键词、分类号。

(1) 题名

标题是标明文章内容的简短语句。科技论文的标题应以最恰当、最简明的词语来表达论文的中心内容,恰如其分地反映研究的范围和所达到的深度。同时应符合编制题录、索引和便于检索的有关原则,有助于选择关键词,必要时可加副题名。

英文篇名应与中文篇名含义一致。科技论文的选题应注意以下几点:

a. 题目要具体明了;

b. 题目应是一个短语而不是一个句子;

c. 题名应该避免使用不常见的缩略词、首字母缩写字、字符、代号和公式等;

d. 题名一般不超过 20 个字;外文题名一般不超过 10 个实词;

e. 题名要醒目、吸引,要避免华而不实的广告式语言。

(2) 署名

作者署名是文责自负和拥有著作权的标志,应是参加论文撰写的主要人员。署名是作者对作品著作权的声明,根据《中华人民共和国著作权法(2010 年第二次修正)》规定:"著作权属于作者。"著作权包括发表权、署名权、修改权、保护作品完整权、复制权、发行权、出租权、展览权、表演权、放映权、广播权、信息网络传播权、摄制权、改编权、翻译权、汇编权等。"署名权是指表明作者身份,在作品上署名的权利。"

① 署名者

署名者应是直接参与课题研究的全部或主要部分的工作,并作出主要贡献者;应为作品的创作者,论文的撰写者;对作品具有答辩能力,并为作品的直接责任者。

② 署名

署名是拥有著作权的声明,同时是表示文责自负的承诺。

③ 作者署名的格式

合著者之间用逗号隔开,以便于计算机自动切分;不同工作单位的作者,应在姓名右上角加注不同的阿拉伯数字序号,并在其工作单位名称之前加与作者姓名序号相同的数字,以便于建立作者与其工作单位之间的关系。作者单位及其通信地址应用全称,不得用简称。

(3) 摘要

摘要又称概要、内容提要,是以提供文献内容梗概为目的,不加评论和补充解释,简明、确切地记述文献重要内容的短文。其基本要素包括研究目的、研究方法、研究结果和研究结论。摘要的内容应包含与论文的主要信息,供读者确定有无必要阅读全文,也供文摘等二次文献采用。

摘要分为报道性文摘和指示性文摘两种。

报道性文摘,又称"全貌式文摘""信息性文摘",它概述了原始文献基本论点,对原始文献的主要内容进行浓缩,起到报道作用。报道性文摘以提供文献内容梗概为目的,不加评论和补充解释,简明、确切地记述文献重要内容的短文。

指示性文摘,又称"简介""概述性文摘",它只对原始文献作简要叙述,是指明一次文献的论题及取得的成果的性质和水平的摘要。指示性文摘既具有报道性质,传递信息,又具有文献检索功能。

摘要撰写的基本要求:简明扼要、开门见山;省去常用的开场白,略去主语,有时谓语也可以省略;内容具体而不空泛,表达明白而不晦涩;报道性摘要和报道—指示性摘要均为 200~300 字,不宜超过 400 字;指示性摘要为 100~150 字,不超过 200 字;英文摘要一般不超过 250 个实词;不写学界所共知和专业常识类的通用语句;不用图表和非公知公用的符号或术语;一般不超过 250 个字,英文摘要一般与中文摘要内容相对应。

(4) 关键词

关键词是为了文献标引工作,从论文中选取出来用以表示全文主题内容信息款目的单词或术语。关键词是科技论文的文献检索标识,是表达文献主题概念的自然语言词汇。关键词的选用关系到论文被检索、引用的概率和成果的利用率。关键词的选取要注意对论文主题进行概念分解,对确定的主题进行再分析,从中找出那些最能够表达主题内容,具有检索价值的重要词汇。关键词选得是否恰当,关系到该文被检索和该成果的利用率。

关键词的选用原则:关键词最能反映论文的主要内容;在同一论文中出现的次数最多;可为编制主题索引和检索系统使用;每篇论文标引的关键词一般为 3~8 个;中英文关键词相互对应,且数量完全一致;未被普遍采用或在论文中未出现的缩写词、未被专业公认的缩写词,不能作为关键词。

(5) 中图分类号

应按照《中国图书馆分类法》对论文标引分类号。涉及多主题的论文,一篇可给出几个分类号,主分类号排在第 1 位,分类号之间以分号分隔。

2. 正文部分

科技论文的正文部分包括引言、正文、结论和致谢。

(1) 引言

也称前言、序言、概述。引言简要说明研究工作的目的、范围、相关领域的前人研究情况和知识空白、理论基础和分析、研究设想、研究方法和实验设计、预期结果和意义等。

引言应尽可能清楚表达所研究问题的性质和范围。引言的写作要求：开门见山，不绕圈子；言简意赅，突出重点；尊重科学，如实评述（最好不要自我评论）。

引言的内容不应与摘要雷同，也不应是摘要的注释；不要介绍普通专业常识，不要插图列表和数学公式的推导证明；要与结论呼应，引言中指出的问题结论中要能解决。

(2) 正文

正文是科技论文的核心部分，是体现研究成果和学术水平的主要部分。一般来说，正文写作的基本要求：正文内容必须论点鲜明，论据充分，论证有力；层次分明，简练可读；论文不讲求词藻华丽，但要求思路清晰、合乎逻辑；涉及到单位、插图、表格、数学公式、化学式、标点符号、参考文献等都应符合有关国家标准的要求。

(3) 结论

论文主体部分之后通常有结论。结论是文章的总结性说明，是科学论文的主体，"创造性"要在这一部分表达出来。它反映了论文所建立的学术理论，运用的技术路线和研究方法所达到的水平。

结论是从全部材料出发，经过分析综合研究而提炼出来的观点和见解。结论应该准确、完整、精炼。一般来说结论可以考虑以下内容：对研讨的内容作最后归纳、总结得出研究的新发现、新认识或新的观点；对研究对象本质和规律性的认识进行科学抽象和高度概括；判断本项研究的理论意义和应用价值。

结论的撰写应注意：

a. 结论力求简单扼要；

b. 要呼应引言中提出所要解决的问题；

c. 如果文中不能导出应有的结论，也可以没有结论而进行必要的讨论，并指出研究的方向和问题；

d. 实验结果一般用数值表示，但不用原始数据，所列数值需经加工或统计处理。

(4) 致谢

科学研究往往不是一个人能够独立完成的，需要不同人员、机构、组织等合作和支持，致谢部分表达了对研究或论文有贡献的单位和个人以及他们具体贡献的肯定和感谢之情，读者以此可以了解到许多相关的有用信息。

致谢的基本要求包括：凡对研究或论文提出过建议和帮助的，应具体指出被致谢者的具体工作内容和贡献，如"审修了论文""提供了资料""参加了部分调查"等。而不应使用含糊不清的词语，致谢前应征得被致谢者的同意。

致谢部分文字要比较简练，态度要诚恳。

3. 附录部分

科技论文的附录部分包括附录、引文出处注释与参考文献。

(1) 附录

附录是论文的附件,不是论文必要的组成部分。在不增加正文篇幅和不影响论文主体内容叙述连贯性的前提下,向读者提供论文中部分内容的详尽推导、演算证明或解释和说明以及不宜列入正文的有关数据、图、表、照片或其他辅助性材料。

(2) 引文出处注释与参考文献

引文出处注释与参考文献既是论文必不可少的内容,也是学术规范中的重要组成部分,它不仅反应出作者对于前人研究成果的继承,也界定了作者对该学科已有成果研究的范围,同时也为读者查阅原文提供线索。

参考文献是作者撰写论文时直接参考借鉴或引用他人文献的列表,置于文后。参考文献表中列出的应限于作者直接阅读过的、最主要的重要文献和最新文献。引文出处注释也属参考文献。

① 文献类型与标识

印刷文献类型标识

M—专著　　C—会议论文　　N—报纸　　J—期刊
D—学位论文　R—研究报告　　S—标准　　P—专利

专著、论文集中析出文献采用单字母"A"表示,对于其他未说明的文献类型,采用单字母"Z"标识。

电子文献类型与载体标识

DB—数据库　CP—计算机程序　EB—电子公告　MT—磁带　DK—磁盘
CD—光盘　OL—联机网络　DB/OL—联机网上网据库
DB/MT—磁带数据库　M/CD—光盘图书　CP/DK—磁盘软件
J/OL—网上期刊　EB/OL—网上电子公告

② 参考文献的格式

2005年3月23日,中国国家质量监督检验检疫总局和国家标准化管理委员会发布了新的《文后参考文献著录规则》(GB/T 7714—2005),替代1987年颁布实施的《文后参考文献著录规则》(GB/T 7714—1987)。GB/T 7714—2005《文后参考文献著录规则》是一项专门供著者和编辑编撰文后参考文献使用的国家标准,规定了各个学科、各种类型出版物的文后参考文献的著录项目、著录顺序、著录用的符号、各个著录项目的著录方法以及参考文献在正文中的标注法,并尽可能与国际标准保持一致,以达到共享文献信息资源的目的。

a. 专著的著录格式

[序号]著者. 书名[文献类型标识]. 版本. 出版地:出版者,出版年:起止页码.

例如:[1]孙家广,杨长青. 计算机图形学[M]. 北京:清华大学出版社,1995:26-28.

[2]Gill R. Mastering English Literature[M]. London:Macmillan,1985:42-45.

译著的著录格式

［序号］原著作者. 书名［M］. 译者, 译. 出版地: 出版社, 出版年份: 起止页码.

例如: [1]哈特利, 齐瑟曼. 计算机视觉中的多视图几何[M]. 韦穗, 译. 合肥: 安徽大学出版社, 2002: 38-41.

b. 期刊论文的著录格式

［序号］作者. 题名［文献类型标识］. 其他责任者. 刊名, 年, 卷(期): 起止页码.

例如: [1]冯建. 微乳液法合成棒状纳米Ni[J]. 应用化工, 2007, 36(4): 361-363.

[2]Heider E R, Oliver D C. The structure of color space in naming and memory of two languages [J]. Cognitive Psycholgy, 1972, 3(2): 337-354.

c. 论文集、会议录的著录格式

［序号］作者. 篇名［C］. 出版地: 出版者, 出版年份: 起始页码.

例: [1]杜善义, 朱嘉琦. 第十五届全国复合材料学术会议论文集[C]. 北京: 国防工业出版社, 2008.

[2]ROSENTHALL E M. Proceedings of the Fifth Canadian Mathematical Congress, University of Montreal, 1961 [C]. Toronto: University of Toronto Press, 1963.

d. 论文集中的析出文献

［序号］析出文献主要责任者. 析出文献题名［A］. 原文献主要责任者. 原文献题名［C］. 出版地: 出版者, 出版年. 析出文献起止页码.

例: [1]钟文发. 非线性规划在可燃毒物配置中的应用[A]. 赵玮. 运筹学的理论与应用: 中国运筹学会第五届大会论文集[C]. 西安: 西安电子科技大学出版社, 1996: 468-471.

e. 学位论文著录格式

［序号］作者. 题名［D］. 保存地点: 保存单位, 年.

例如: [1]张志耘. 数字图书馆个性化信息服务研究[D]. 北京: 中国人民大学, 2004.

[2]金宏. 导航系统的精度及容错性能的研究[D]. 北京: 北京航空航天大学自动控制系, 1998.

f. 科技报告著录格式

［序号］作者. 题名［R］. 编号, 出版年.

例如: [1]Kyungmoon Nho. Automatic landing system design using fuzzy logic[R]. AIAA-98-4484, 1998.

[2]冯西桥. 核反应推压力容器的LBB分析[R]. 北京: 清华大学核能技术设计研究院, 1997.

g. 专利著录格式

[序号]专利所有者.专利题名:专利国别,专利号[P].公告日期或公开日期.

例如:[1]姜锡洲.一种温热外敷药制备方案:中国,881056073[P].1989-07-06.

h. 标准著录格式

[序号]标准编号,标准名称[S].

例如:[1]GB/T 16159—1996,汉语拼音正词法基本规则[S].

i. 电子文献著录格式

[序号]作者.题名[文献类型标志/文献载体标志].出版地:出版者,出版年(更新或修改日期)[引用日期].获取和访问路径.

例如:[1]Pacs-l: the public-access computer systems forum[EB/OL]. Houston, Tex: University of Houston Libraries, 1989[1995-05-17].

j. 网络文献的著录格式

[序号]主要责任者.电子文献题名[电子文献及载体类型标识].电子文献的出处或可获得地址,发表或更新日期/引用日期(任选).

例如:[1]王明亮.关于中国学术期刊标准化数据库系统工程的进展[EB/OL]. http://www.cajcd.edu.cn/pub/wml.txt/980810-2.html,1998-08-16/1998-10-04.

第二节　数字信息资源的检索策略

检索策略是指在分析检索课题、明确检索目的基础上,运用一定的检索技术和方法而设计的信息检索方案。一般来说,检索策略包括以下几个方面内容。

一、信息需求分析

就数字信息资源检索而言,信息需求是人们在客观上或主观上对某一特定问题所需信息的要求,这种需求是人们检索信息的基本出发点,也是评价检索效果的依据。

信息需求分析主要包括以下几方面内容:

(1) 明确检索目的

了解所需求信息的用途。检索目的不同,对文献信息的查全率与查准率的要求不同,对检索文献信息的范围和满足的程度也不同。

(2) 进行主题分析

明确信息需求的主题或主要内容以及涉及的学科范围。主题分析是在明确检索目的的基础上进行的,检索目的不同,主题分析选取主题范围的广度与深度则不同,若要系统、全面收集文献信息,选取主题范围的面要宽泛些;若要为解决某一技术问题提供方案,选取主题范围的面相对要窄些,专指度要高些。

(3) 确定检索要求

通过信息需求分析,明确所需文献信息的类型、语种、年代范围以及类型等具体指标。

二、信息源的选择

了解现实生活中有哪些可获得的信息源,明确不同信息源所提供的信息的时效性、深度以及广度上的区别。

信息源的选择策略:

a. 对于一般消息,可以选择浏览网页新闻、电子报纸等;

b. 如需要了解事件更全面、更详细的介绍,期刊、专著是较好的选择;

c. 对于要求查阅一定深度的研究性问题,还可以利用相关专业机构信息发布网站,如国家知识产权局、国家环境保护总局网站等;

d. 查找有关学科信息资源,可利用专业数据库、搜索引擎、学科导航等;

e. 对所需文献信息还要考虑到不同语种以及交叉学科的信息搜集。

三、检索方式的选择

不同的数据库提供不同的检索方法及多种检索方式,如中国知网学术期刊网络出版总库提供了高级检索、专业检索、科研基金检索、句子检索、来源期刊检索等多种检索方式;多数搜索引擎提供了简单检索与高级检索界面。初级检索及简单检索易学易用,适用于一般用户,但其检索速度、查准率和查全率受到一定限制。而高级检索或复杂检索可以综合应用各种检索运算符或操作命令精确地表达检索需求,可达到较为理想的检索效果,但是需要用户熟悉各种系统的检索规则以及检索使用的逻辑算符、通配符等组配算符,因而较适合于有经验的以及专业检索人员。

四、检索词的确定

检索词是表达文献信息需求的基本元素,也是计算机检索系统中有关数据库进行匹配的基本单元。检索词一般可分为4类:

第一类是表示主题概念的检索词,如主题词、关键词;

第二类是表示责任者的检索词,如作者姓名、机构名称等;

第三类是表示学科分类的检索词,如分类号;

第四类是表示特殊意义的检索词,如专利号、国际标准书号、分子式等。

检索词选择恰当与否会直接影响检索效果。因此,在数字信息资源检索系统中,为了使检索提问标识与文献特征标识相一致,获得最佳的检索效果,我们应该注意:

第一,优先选用规范词,即经过规范化处理的词或词组,如主题词(叙词)。规范词可从待检数据库的主题词表或叙词表中选取。选取主题词我们应先分析主题,找出课题所包含的显性概念和隐含概念;再确定核心概念,排除无关概念和重复概念;然后,我们从待检数据库和检索工具的词表中选取规范化的词或词组。

第二,选择规范化的代码。许多数据库的文档中存有各种代码用来表示各种主题范畴,具有很高的匹配度,应有效地使用这些代码,如索引代码。索引代码是数据库系统为某些主题范畴或主题概念规定的索引单元,有很好的专指性,是一种有较好检索效果的文献特征标识。例如,国际专利分类号 IC,标准工业代码 SC 等。

第三,在选择自由词(未经规范化处理的自然语言词汇)作为检索词时,应选用各学科内具有检索价值的基本名词术语或国际上通用的术语,尽可能不使用一词多义的词。

五、确定检索途径

检索途径就是利用信息的特征来查询相关信息的检索入口或检索点。每一种检索工具所提供的检索途径不是完全相同的,检索者可结合检索课题的要求选择检索入口,文献检索的主要途径包括:

分类途径　按照文献资料所属学科(专业)类别进行检索的途径,是主要的检索途径。

主题途径　通过文献资料的内容主题进行检索的途径,是主要的检索途径,并可作为分类途径的补充。

责任者途径　根据责任者名称查找文献的途径,是一种辅助的检索途径。

题名途径　根据文献的标题来查找文献的途径。

序号途径　根据整篇整件文献的编号特征组织编排和检索文献的途径,是一种特殊的检索途径。

其他途径包括生物类的生物分类途径、化学类的分子式或功能团途径等。

每种途径各有特点和利弊,检索者应遵循"以主题途径为主,多种检索途径综合应用"的原则,达到优化的检索效果。

六、构造检索式

检索式是数字信息资源检索中用来表达用户检索提问的逻辑表达式,是一个既能反映检索课题内容及检索词之间的关系,又能被计算机检索系统识别的式子,由检索词和各种算符以及系统规定的其他组配连接符号组成。

检索词包括主题词、自由词、分类号等。组配算符包括布尔逻辑算符、截词符(通配符)、位置算符等。准确、合理地选择和使用检索词、位置逻辑算符、截词符、字段符等是编制检索式的基本要求。

编制检索提问式时须注意:
 a. 充分而准确地反映信息需求的内容;
 b. 能适应所查数据库的索引体系、用词和匹配规则;
 c. 注意概念组配的逻辑关系,正确使用布尔逻辑 AND、OR、NOT 算符;
 d. 正确使用各种位置算符;
 e. 注意英文检索词的不同表达方式,尽量使用截词技术;
 f. 注意逻辑算符与位置算符的先后处理次序,注意括号的使用。

第三节　检索效果评价与优化

检索效果(Retrieval Effectiveness)是指利用检索系统(或工具)进行检索服务时所获得的有效程度。

评价系统的检索效果,目的是为了准确地掌握系统的各种性能和水平,找出影响检索效果的各种因素,以便有的放矢,改进系统的性能,提高系统的服务质量,同时也是为了更好地满足用户信息检索的需求。

评价检索系统效率的优劣,主要从质量、费用和时间三方面来衡量。质量标准主要通过查全率与查准率进行评价。费用标准指用户为检索课题所投入费用的多少。时间标准是指检索所花费的时间,包括检索准备时间、检索过程时间、获取文献时间等。其中,查全率和查准率是判定检索效果的主要标准,两者是反映检索效果的重要指标。查准率和查全率结合起来,描述了系统的检索成功率。

如果我们用 R 表示查全率,P 表示查准率,m 为检索输出文献量,a 为检索系统中与检索课题有关的文献量,b 为检索输出文献量中与检索课题有关的文献量(查准文献量)。

查全率(Recall,即召回率)是衡量某一检索系统从文献集合中检出相关文献成功度的一项指标,即检出的相关文献与全部相关文献的百分比,用来反映检索的全面性：

$$查全率=\frac{检出的相关文献总量}{文献库内相关文献总量}\times100\%$$

$$R=\frac{b}{a}\times100\%$$

例如，要利用某个检索系统查某课题。假设在该系统数据库中共有相关文献为80篇，只检索出来20篇，那么查全率就等于25%。

查准率(Precision，即精度)是衡量某一检索系统的信号噪声比的一种指标，在文献检索中表示检出的相关文献与检出的全部文献的百分比，用来反映检索的准确性：

$$查准率=\frac{检出的相关文献总量}{检出文献总量}\times100\%$$

$$P=\frac{b}{m}\times100\%$$

例如，如果检出的文献总篇数为50篇，经审查确定其中与课题相关的文献有20篇，另外30篇与该课题无关。那么，此次检索的查准率就等于40%。查全率和查准率之间具有互逆和互补的关系。在一个特定的检索系统中，当查全率不断提高时，查准率就会降低；而当查准率提高时，查全率又会降低。但当查全率和查准率都很低的时候，两者可以通过检索策略的改善同时得到提高。

检索者对于检索效果的要求一般是既要求有较高的查全率，又要保证有理想的查准率。然而，具体到每一个用户，他们对检索效果的要求可能存在差异，这取决于他们检索的目的。如果用户仅仅想了解某一专业领域的发展概况，则对查全率有较高的要求；如果用户检索是为了解决工作中的某个技术难题，就需要较高的查准率。因此，不同的检索课题对文献信息的需求不同，用户应根据课题的需要，适当调整查全率和查准率，优化检索策略，以达到最佳检索效果。提高检索效果可以采取以下措施：

1. 提高检索者的信息检索技能

在现代信息化社会中，如何在浩如烟海的信息海洋中有效获取自己需要的信息应成为当代人应具备的基本技能和基本素质。在实际应用中，无论何种检索都是由人来操作的，要改善检索效果，重要的一条是要提高检索者自身的检索技能。

文献信息检索是从事科学研究的一种基本技能，它是理论知识和实践经验的结晶，所以，我们必须学习文献信息检索的基本理论知识，并在实际检索的过程中逐步积累经验，逐步提高检索能力，从而提高检索效果。

2. 优选检索系统或数据库及检索工具

检索系统或数据库、检索工具的选择是否恰当，将直接影响到检索效果和检索质量。根据用户检索目的和具体要求，选择最恰当的检索工具（数据库）是保证检索效果的重要环节之一。选择检索系统及检索工具，应从以下几个方面考虑：

    a. 检索工具及检索数据库收录信息的学科范围、收录的文献范围；

    b. 收录的信息量、信息类型、收录的时间范围以及更新周期是否符合检索需求；

    c. 数据库提供的功能是否完善以及使用的便捷性如何。

3. 精选检索词

检索词选择的正确与否也将直接影响检索效果。如遇到检索结果为"零"的问题，很大程度上是由于选词不当造成的。由于选词不当或检索式组配不适，还可能检出大量与检索内容不大相关甚至是毫不相关的文献。因而，对于信息检索用户来说，一要优先选用检索系统及数据库提供的规范化词表中的专业词汇如主题词作为检索词，以便获得最佳检索效果；二要注意所选检索词尽可能考虑到各种可能的表达方法，注意同义词、全称与缩写形式，以减少漏检；三要注意检索词的内涵与外延，在没有确切表达课题内容的主题词时，可采用自由词检索。

4. 优化检索策略

检索优化过程就是在检索过程中，根据检索结果情况随时调整检索策略，并不断完善、不断优化的过程。

通常情况下，一次检索很难满足检索的需要，需要多次修改检索策略，才能达到较满意的结果。

文献检索经常遇到两种情况：一种是检索结果太多，容易造成误检；一种是检索结果太少或检索结果为零，容易造成漏检。产生误检的原因主要有：检索限制条件过多、位置运算符用得过多，所选择的数据库不合适，拼写错误等情况。

不同的检索课题对文献信息的需求不同，用户应根据课题的需要，适当调整查全率和查准率，优化检索策略，以达到最佳检索效果。

提高查全率主要方法：

    a. 降低检索词的专指度，从词表或检出文献中选一些上位词或相关词；

    b. 减少 AND 组配，增加用 OR 联结的相关词；

    c. 删除某个不太重要的检索词；

    d. 采用截词检索；

    e. 放宽限制运算，如取消字段限制符。

提高查准率的主要方法有：

    a. 提高检索词的专指度，利用下位类或下位词检索；

    b. 增加同义词、相关词，加入 OR 算符；

    c. 利用外部特征进行限制检索；

    d. 增加 AND 组配，进一步限定主题概念的相关检索项。

还可通过位置运算符（with，near）、逻辑优先级等方式提高信息检索的查准率。

第四节 数字信息资源使用注意事项

一、数字信息资源合理使用的必要性

网络化、数字化环境使得信息的获取更为便捷,可以方便地下载、复制以及传播,但数字化方式更易被侵权,且不易被发现,影响面广,这使得信息创造者的合法权益易被侵害,信息创造者的权益若得不到应有的保护,必将对信息的生产和再生产产生消极的影响。

版权保护与信息资源共享两者之间是既对立又统一的关系。版权是合法的垄断权,其主要是为了维护版权所有人的利益,激励版权人的创造热情,它要求创设一个公平竞争的法律环境。

信息资源共享是基于信息使用者、消费者利益的行为,它要求对信息的采集、加工、传递等享有最大的自由度,充分享受信息化所带来的便捷而最少或完全不受束缚。信息资源共享是迅速提高社会对信息资源的获知能力和利用率的最佳途径,其目的同样是为了让社会通过对资源的有效利用创造出更多的知识和财富。但只有并且必须有效地保护版权所有者、信息创造者的合法权益权利,才会使社会拥有更多的信息资源,促进科技的进步和社会文化的繁荣。因而,版权保护和信息资源共享的最终目标是一致的。

资源的合理使用强调为了维护版权所有者利益而对使用者所施加的限制和要求。未经许可通过网络传播版权作品的侵权行为包括:

① 将他人作品擅自上网传输以获利

在网络中免费为个人使用的作品,并不等于可以自由使用的作品。如果把他人的作品从其他网站上下载后,加以出售赚钱或者吸引众多访问者和广告商以赚取广告费均属侵权行为。

② 未经许可使用

未经许可将版权作品放在免费网址上,以供浏览、使用属于不合理使用,这种行为侵犯了版权人的公开陈列权。

③ 用公告板等传播版权作品

用公告板等传播版权作品以供用户免费使用,也是一种侵权行为。

二、数字信息资源的合理使用

a. 严格遵守版权法规定,尊重版权人的合法权益;

b. 获得信息资源使用的法定许可后方可使用该资源；
c. 明确资源的合理使用范围；
d. 严禁恶意、批量下载数字信息资源；
e. 数字信息资源下载的目的只限于学术研究和学习等用途，未经许可，不得用于任何商业目的或其他营利性用途。

参考网络信息资源

[1] 中国知网 http://www.cnki.net/
[2] 万方数据知识服务平台 http://www.wanfangdata.com.cn/
[3] 维普网 http://www.cqvip.com/
[4] 中国国家图书馆 中国国家数字图书馆 http://www.nlc.gov.cn/
[5] 国家科技图书文献中心 http://www.nstl.gov.cn/
[6] 中国高等教育文献保障系统 calis http://www.calis.edu.cn/
[7] 中文社会科学引文索引(CSSCI) http://www.cssci.com.cn/login_u.html
[8] 中国人民大学书报资料中心 http://www.zlzx.com.cn/
[9] 超星电子书 http://book.chaoxing.com/
[10] 读秀学术搜索 http://www.duxiu.com/
[11] 书生之家数字图书馆 http://edu.21dmedia.com/index/login.vm
[12] Apabi 数字资源平台 http://apabi.hfslib.com/Default2.asp?lang=gb
[13] 高等学校中英文图书数字化国际合作计划(CADAL)
http://www.cadal.zju.edu.cn/Index.action
[14] 中国高校人文社会科学文献中心—开世览文
http://www.cashl.edu.cn/portal/index.jsp
[15] 中国科学院国家科学数字图书馆 http://new.csdl.ac.cn/
[16] 方略学科导航 http://www.firstlight.cn/
[17] 国家知识产权局 http://www.sipo.gov.cn/zljs/
[18] 标准信息网 http://www.chinaios.com/index.htm
[19] Web of Knowledge 使用帮助 http://wokinfo.com/training_support/training/
[20] 工程索引 Ei http://www.ei.org/
[21] PubMed http://www.ncbi.nlm.nih.gov/pubmed
[22] SciFinder 使用帮助 http://www.cas.org/products/scifinder/
[23] http://www.sciencedirect.com/
[24] http://link.springer.com/
[25] http://search.ebscohost.com/
[26] http://www.oclc.org/firstsearch.en.html
[27] http://www.cas-china.org/
[28] http://www.dialogselect.com/main.html
[29] http://endnote.com/
[30] http://www.csa.com/

[31] http://www.ipl.org/
[32] 英国国家图书馆文献提供中心(BLDSC)　http://www.bl.uk/articles
[33] IVLIB 国际数字视频图书馆　http://vod.ivlib.org
[34] 超星学术视频　http://video.chaoxing.com/
[35] 网上报告厅　http://www.wsbgt.com/PublicFolder/Default.aspx
[36] 知识视界　http://www.libvideo.com/
[37] JoVE(Journal of Visualized Experiments)　http://www.jove.com/
[38] 百度　http://www.baidu.com/
[39] 谷歌　http://www.google.com.hk/
[40] 搜狐　http://www.sohu.com/
[41] 新浪　http://www.sina.com.cn/
[42] 雅虎　http://cn.yahoo.com/
[43] 必应　http://cn.bing.com/

参 考 文 献

[1] 毕强. 数字信息资源开发与利用[M]. 北京：科学出版社，2009.

[2] 王云娣，胡秀青，黄光明. 数字信息资源的开发与利用研究[M]. 武汉：武汉大学出版社，2005.

[3] 肖珑，等. 数字信息资源的检索与利用[M]. 北京：北京大学出版社，2003.

[4] 黄如花，张燕飞. 数字信息资源建设与研究[M]. 武汉：武汉大学出版社，2009.

[5] 马春燕. 数字信息资源开发与建设[M]. 北京：经济管理出版社，2009.

[6] 陈岚，王凤翠. 数字信息资源检索方法与实践：社科版[M]. 武汉：华中科技大学出版社，2011.

[7] 赖宁，杨翠明. 网络数字信息资源及其利用[M]. 长沙：湖南地图出版社，2006.

[8] 储开稳，朱昆耕. 文理信息检索与利用[M]. 武汉：华中科技大学出版社，2010.

[9] 胡正荣，段鹏，张磊. 传播学总论[M]. 北京：清华大学出版社，2008.

[10] 肖强. 商业数字图书馆信息资源建设模式[M]. 北京：世界图书北京出版公司，2012.

[11] 马费成，等. 数字信息资源规划、管理与利用研究[M]. 北京：经济科学出版社，2012.

[12] 郭盛杨. 数字图书馆信息资源建设[M]. 北京：中国物资出版社，2004.

[13] 樊爱国. 现代信息检索[M]. 北京：北京大学出版社，2005.

[14] 李济群. 现代科技信息检索导航[M]. 北京：中国纺织出版社，2004.

[15] 赵玉冬，朱晓菁，徐万超. 信息资源检索与利用[M]. 广州：中山大学出版社，2009.

[16] 张久珍. 国外参考资源检索与利用[M]. 北京：北京大学出版社，2008.

[17] 张翠梅，周激. 化学化工文献与信息检索[M]. 北京：国防工业出版社，2008.

[18] 章云兰，万跃华，舒炎祥. 数字资源检索教程[M]. 北京：科学出版社，2006.

[19] 吉家，杨连珍，李明，等. 网络信息检索[M]. 武汉：华中科技大学出版社，2010.

[20] 李建蓉. 专利文献与信息[M]. 北京：知识产权出版社，2002.

[21] 李耀明，黄儒虎. 标准文献信息管理[M]. 北京：中国计量出版社，1998.

[22] 王平. 标准文献工作的理论与实践[M]. 北京：宇航出版社，1991.

[23] 张惠惠. 美国DIALOG国际联机检索方法[M]. 上海：上海交通大学出版社，1989.

[24] 杨桂荣，蔡福瑞，刘胜群. 情报检索与计算机信息检索[M]. 武汉：华中科技大学出版社，2004.

[25] 胡良孔，等. 文献检索与科学研究方法[M]. 长沙：中南工业大学出版社，1999.

[26] 邓富民. 文献检索与论文写作[M]. 北京：经济管理出版社，2010.

[27] 余向春. 化学文献及查阅方法[M]. 北京：科学出版社，2009.

[28] 孙光成，肇伦. 中国科研创新理论研究[M]. 成都：电子科技大学出版社，2003.

[29] 王爱英. 计算机组成与结构[M]. 北京：清华大学出版社，1995.

[30] 朱兵,张碧玉.美国《化学文摘》(CA)百年发展历程回眸[J].农业图书情报学刊,2009(10):50-53.
[31] 朴京顺.浅谈专利数据库及专利文献检索[J].中国发明与专利,2011(9):63-65.
[32] 周丽娟,董巧连,杨慧,等.电子文献信息资源检索的规则与技巧[J].农业网络信息,2009(7):125-126.
[33] 王桂玲.网络信息资源检索策略和技巧[J].现代情报,2005(6):62-63,139.
[34] 刘艳华,周宁.图像信息资源检索技术的进展研究[J].现代情报,2006(1):82-85.
[35] 王妍.因特网信息资源检索[J].现代情报,2004(10):57-58.
[36] 董京.中文农业信息资源检索方法和技巧[J].安徽农业科学,2007(30):9797-9799.
[37] 崔旭,邵力军.网络信息资源检索策略与方法[J].图书馆学研究,2004(6):79-81.
[38] 戚红梅.基于内容的图像信息资源检索技术进展研究[J].情报杂志,2008(1):124-125,127.
[39] 齐红艳.网络学术信息资源检索方法研究[J].齐齐哈尔大学学报:哲学社会科学版,2009(4):184-186.
[40] 夏立新.基于WWW的信息资源检索策略探析[J].图书情报知识,2002(6):45-48.
[41] 袁向东,任芬.网络信息资源检索工具的比较与综合使用[J].江西图书馆学刊,2001(4):55-56.
[42] 何隽.高校图书馆数字化信息资源建设研究[J].贵州大学学报:社会科学版,2008(4):116-120.
[43] 黄筱玲.现代图书信息资源检索新思维[J].高校图书馆工作,2001(4):78-80.
[44] 张秋.OCLC的OPENWorldCat计划及其对图书馆信息服务的启示[J].图书馆杂志,2005(11):49-52.
[45] 何青芳,陆琪青.中外科技报告的检索方法与获取途径[J].现代情报,2005(9):118-120.
[46] 王泽琪.文摘索引型数据库和全文数据库检索系统的比较[J].图书馆工作与研究,2005(3):48-51.
[47] 鲍智明.存储虚拟化在数字图书馆建设中的应用[J].情报探索,2005(5):80-82.
[48] 周敬治,杨国美,邹润生.试论我国高校知识服务型数字图书馆建设[J].情报资料工作,2006(1):72-75.
[49] 孙鹏.现代数字图书馆的信息服务个性化形式浅论[J].学问,2009(6):291.